LES FÊTES DES ENFANS.

LA-FÊTE-DIEU.

Le petit Reposoir.

LES FÊTES DES ENFANS,

OU

RECUEIL

DE

PETITS CONTES MORAUX,

Par M. DUCRAY-DUMINIL.

SIXIÈME ÉDITION.

TOME SECOND.

PARIS,
HAUT-COEUR ET GAYET JEUNE,
LIBRAIRES, RUE DAUPHINE, N° 20.

1822.

LES FÊTES DES ENFANS.

CHAPITRE VIII.

LA FÊTE-DIEU.

Quoique l'usage de faire de petits reposoirs aux portes des maisons soit bien ancien, il n'en est pas moins, selon nous, indécent envers la religion et immoral pour les enfans. D'abord on leur apprend à jouer avec des objets destinés au culte, et qu'ils ne devraient regarder qu'avec terreur et vénération. Ensuite cela les habitue à tendre la main, à demander pour ainsi dire l'aumône, à poursuivre, à fatiguer les passans. Il y en a qui vous suivent des rues entières; et quelqu'un qui a des affaires, ce jour-là, doit compter sur une heure de retard par l'importunité de tous ces petits mendians qui l'arrêtent à droite et à gauche tout le long de son chemin : c'est une véritable inquisition! Il faut avoir ses poches pleines de sous, ou sinon on ne se débarrasse pas facilement de ces faiseurs de chapelles, qui n'ont d'autre but que de mettre les gens à contribution.

Nous ne donnons pas l'exemple

suivant comme preuve d'un abus général de cette bizarre coutume; mais, quand elle n'aurait eu que le malheur de pervertir deux enfans que nous avons connus, cela suffirait pour engager les pères et mères à la défendre à leur jeune famille.

Le petit Reposoir.

Madame Le Coq était restée veuve avec deux enfans, fille et garçon. Madame Le Coq était marchande mercière, et sa petite boutique s'achalandait de jour en jour à sa satisfaction. Elle voyait avec joie grandir son fils Urbain, âgé de dix ans, et sa chère Pauline, qui en comptait neuf. Pauline restait auprès d'elle dans le comptoir, et Urbain allait en demi-pension, le matin, chez un maître d'école qui demeurait à trois rues plus éloignées, d'où il revenait le soir avant la nuit. L'enfant avait l'habitude d'y aller et d'en revenir seul; car madame Le Coq n'avait pas de cuisinière, et elle ne pouvait quitter sa boutique un seul instant.

Un jour de Fête-Dieu, ses enfans lui demandèrent un drap blanc, son beau Christ d'ivoire sur fond de velour noir, et plusieurs petits tableaux de piété qu'elle possédait, pour faire une petite chapelle à côté de leur porte, dans la rue. Madame Le Coq, qui ne savait rien leur refuser, leur donna ce qu'ils désiraient, plus, quatre vieux bouts de bougie qu'elle gardait soigneusement de l'héritage de son père, et voilà nos enfans qui, unissant à tout cela des fleurs, des petits prêtres de plâtre, font une chapelle magnifique à leurs yeux. Malheureusement, les enfans d'un portier en face de leur maison, en avaient aussi fait une, et l'on en voyait encore une douzaine d'autres de distance en distance dans leur rue. Pauline, tenant son petit gobelet d'argent dans sa main, avait beau demander aux passans; les autres enfans, plus hardis, recueillaient les gros sous, et chacun, en arrivant à elle, lui disait la même chose : Ma petite, je n'ai plus de monnaie.

Comme *la petite* était fort jolie, elle s'imagina de se donner des grâces, de faire des mines, aux messieurs surtout, et de leur ouvrir deux grands yeux bleus qui semblaient leur dire : *Vous ne pouvez rien refuser à une aussi charmante figure.*

Ce manége lui réussit: elle reçut considérablement, tandis qu'Urbain, de son côté, se mit à suivre les passans, à leur prendre le bras, à les tourmenter tellement, que le plus grand nombre céda à ses importunités.

La journée passée, le frère et la sœur comptèrent leur fortune; ils avaient fait près de cinq francs! somme énorme pour eux, et dont ils n'avaient jamais possédé la dixième partie.

Madame Le Coq, au lieu de leur faire un utile emploi de cet argent, eut la faiblesse de le leur laisser. Ils achetèrent des gâteaux, des sucreries, des friandises; ce qu'on appelle des *chateries*, et, le surlendemain, ils n'en possédaient plus un sou. Grands regrets pour eux. C'est une bien belle chose que de l'argent ! ils en ont eu une fois, ils voudraient en avoir toujours. Mais comment? par quel moyen ? La Fête-Dieu ne reviendra que dans un an, et, jusque-là, il faudra donc se passer d'argent! Oh, l'argent!

Les voilà aussi amoureux de l'argent qu'un avare ou un usurier. Si une certaine honte les empêche de se communiquer leurs petites réflexions, ils n'en agiront pas moins séparément pour se procurer ce précieux métal, qui donne tant de jouissances. Voilà Pauline qui vole le comptoir de sa maman : c'est un sou d'abord ; puis, le lendemain, deux; es jours sui vans, trois, quatre, cinq, et il n'y a pas de raison pour qu'elle s'arrête.

Urbain, de son côté, fait l'école buissonnière. Il se met au coin d'une rue, et fait des petites commissions; c'est une lettre à porter, un cheval et un cabriolet à garder, pendant que le maître monte dans une maison où il a affaire. Dirons-nous qu'il ne rougit pas même, un beau soir, de demander l'aumône! O honte pour les enfans d'une femme aussi honnête que madame Le Coq!

Elle s'aperçoit bien qu'il lui manque journellement quelque-

monnaie dans son comptoir; mais elle croit d'abord qu'elle a trop rendu, puis qu'elle s'est trompée dans son calcul. Étonnée de plus en plus, elle jette à la fin ses soupçons sur sa fille, et l'épie si bien qu'elle la surprend la main dans le comptoir.

Au même moment, son beau-frère, le parrain de son fils, le lui ramène par les oreilles, malgré les cris et les pleurs de l'enfant. Urbain, le prenant dans l'obscurité pour un étranger, lui avait demandé l'aumône; et l'oncle, comme de raison, furieux contre son neveu, le ramenait à sa mère, qui versa soudain des larmes, en découvrant la perversité de ses deux enfans. On fouilla Pauline, Urbain; on chercha dans leurs petits effets, et l'on découvrit une douzaine de francs qu'ils possédaient encore, sans ce qu'ils avaient dépensé pour acheter et manger des friandises à l'insu de leur mère.

Le garçon fut mis dans une pension sévère, avec recommandation de le corriger tous les jours; et des Sœurs de charité se chargèrent de la fille, qu'elles enfermèrent dans leur triste retraite; mais ces mauvais enfans n'en cédèrent pas moins à leurs penchans vicieux. Urbain et Pauline, en grandissant, firent le désespoir de leur mère, par leur conduite scandaleuse ; et la bonne, mais trop faible madame Le Coq en mourut de chagrin.

CHAPITRE IX.

LA DISTRIBUTION DES PRIX.

Nos jeunes lecteurs ne nous feront pas le reproche de ne leur offrir que des enfans vertueux, de ces modèles de perfection presque introuvables dans les pensions comme dans la société. Nous leur avons montré déjà plusieurs petits sujets qui ont eu besoin de correction, surtout Urbain et sa sœur, qui firent la honte et le malheur de leur mère. On dira peut-être qu'elle les adorait, qu'elle les gâtait trop. Eh, mon Dieu, qui est-ce qui ne gâte pas les enfans? Si ce n'est le père, c'est la mère ou la tante', ou l'aïeule. Il n'y a peut-être pas de famille où des étrangers, des observateurs impartiaux, ne s'aperçoivent des faiblesses des parens envers leurs enfans. *Notre fils est charmant*, vous diront tels père et mère; *mais nous ne le gâtons pas*. C'est justement ce qu'ils font. Eux seuls ne s'en doutent pas, et vous soutiendront qu'ils sont fermes, tandis que l'ami intime de la maison voit tout le contraire. C'est que, si les pères et mères sont trop bons, leurs enfans sont journellement disposés à en abuser.

Il est cependant des parens qui, se méfiant d'un aveuglement bien excusable de leur part, consultent des amis, et font cas de la vérité quand on la leur dit.

Le Procès des Écoliers.

M. Delaville, après avoir honorablement servi l'État, était retiré du service avec de graves blessures qui l'empêchaient de se livrer à des occupations sérieuses. M. Delaville avait perdu une épouse tendrement aimée, et il ne lui restait qu'une retraite de douze cents francs pour exister, et élever un fils unique qu'il chérissait, parce que ce fils portait tous les traits de sa mère, et que par conséquent il était doué de la plus jolie figure. On l'avait nommé Félix, et son père adressait tous les jours des vœux au Ciel pour qu'il justifiât le présage de ce nom, qui est un mot latin, et veut dire en français *heureux*.

Le jeune Félix avait en effet les plus heureuses dispositions. Il était plein d'intelligence; son esprit était vif, facile à concevoir, à saisir, et tout annonçait qu'il ferait de grands progrès dans son éducation. M. Delaville le mit de bonne heure en pension chez M. Dupré, l'un des meilleurs instituteurs de Paris. Le bon M. Delaville payait à M. Dupré quatre cents francs par an pour son fils; il ne lui en restait plus que huit cents, dont il savait user avec économie pour vivre, mais qui ne pouvaient jamais le mettre dans une honnête aisance.

Cependant le jeune Félix, qui, tout petit, annonçait tant de brillantes dispositions, déclinait d'année en année pour le zèle et le travail. Les maîtres s'en apercevaient, le disaient à M. Delaville, qui, aveugle comme tant de parens, attribua ce changement à une santé délicate, à mille autres causes qui n'étaient point la véritable. Félix avait quinze ans : il faisait bien quand il voulait ; mais il ne voulait pas toujours. Il n'aurait tenu qu'à lui d'être le premier écolier de sa pension ; car souvent ses devoirs surprenaient ses maîtres par leur bonté, et plus souvent encore, ils étaient au-dessous de ceux d'un enfant de dix ans.

Il donna une preuve bien forte de cette variation de zèle et de paresse. Au grand concours pour la distribution des prix de l'Université, il remporta le premier le prix d'honneur, ce à quoi ses maîtres ne s'attendaient guère ; car toute cette année-là, il avait été plus faible, plus lâche que la précédente : mais c'est qu'il s'était piqué d'honneur, et qu'il avait réuni tous ses moyens pour vaincre dans cette lutte honorable.

Le bon M. Delaville en pleura de joie, et son fils fut fêté, tant par M. le recteur de l'Université, que par de grands personnages, et par son instituteur, M. Dupré.

Après une pareille victoire, il lui en restait une moins éclatante, moins difficile, mais honorable aussi à remporter ; c'était de mériter le prix d'honneur de la pension. Malheureusement, après son triomphe, son accès de paresse l'avait repris, et, comme la marmotte, il s'était rendormi.

Il y avait, dans sa pension, un écolier de son âge, nommé Saint-Brice, fils d'un riche banquier. Celui-ci, bien loin d'avoir la facilité de Félix, travaillait péniblement ; il lui fallait un temps considérable pour faire une chose passable ; mais, comme si ce jeune enfant eût pensé qu'il devait suppléer en activité à ce qui lui manquait en moyens, il était studieux, sage, posé, ardent au travail ; et il y employait même ses heures de récréations, dans le dessein, dans l'espoir de réussir. Que tu es heureux! dit-il, un matin, à Félix. J'ai concouru comme toi à l'Université ; mais, hélas, sans succès ! Si j'avais eu le prix d'honneur, mon père m'aurait fait les plus brillans cadeaux; je conserve cependant encore quelque espérance. Il m'a dit hier : *Il te reste, mon ami, un moyen de te signaler. Si tu remportes le premier prix de ta pension, je te donnerai une montre à répétition, et ta mère y joindra une belle chaîne d'or : pourvu, a-t-il ajouté, que tu ne te fasses pas aider par un de tes camarades ; car alors ce serait à celui qui t'aurait dicté ton devoir que je donnerais la chaîne et la montre.* Je lui ai répondu : Oh, papa ! personne ne peut nous dicter nos devoirs ; nous sommes si bien enfermés, si bien surveillés !

Félix, à cette confidence, sentit l'envie déchirer son cœur. Le bon monsieur Delaville n'était pas assez riche pour lui faire cadeau d'une montre, et Félix brûlait d'en avoir une. Attraper celle qu'on destinait à un autre lui semblait le bonheur suprême. Il eut l'air de féliciter Saint-Brice, de l'encourager; et il forma, pour lui-même, un projet infernal.

Dans plusieurs pensionnats, on a coutume, pour donner à faire aux écoliers un devoir dont le meilleur doit obtenir le premier prix, de les enfermer tous ensemble dans une même classe, d'où on ne les laisse ni sortir, ni communiquer avec qui que ce soit. Un maître est là qui observe les moindres gestes, et il paraît impossible aux enfans de se donner réciproquement des avis.

Félix pensa d'abord à se placer le plus près possible de Saint-Brice. Vers la fin de la séance il eut soin de fermer si fort un dictionnaire, que le vent agité ainsi, fit voler et tomber à terre un papier de dessus la table de Saint-Brice. Félix se leva avec empressement, le ramassa et voulut le rendre à Saint-Brice; mais le maître, justement soupçonneux, demanda et voulut voir ce papier, qui n'était en effet qu'un brouillon sur lequel Saint-

Brice avait jeté ses premières idées. Félix le rapporta à Saint-Brice, et une heure après, tous les devoirs étant finis, le maître vint les prendre séparément des mains de chaque écolier, et les emporta.

Le lendemain, Félix remarqua que ce maître, qui n'était qu'un répétiteur, et M. Dupré lui-même, faisaient plus d'accueil à Saint-Brice qu'à l'ordinaire. Il entendit même M. Dupré lui dire : *Jeune homme, pourquoi n'avez-vous pas travaillé aussi bien pour l'Université ?* Félix en conclut que Saint-Brice aurait le premier prix, et voici ce qu'il fit :

Le répétiteur logeait dans une

petite chambre, au quatrième étage, dont la croisée donnait sur un entablement qui communiquait à un toit. Comme il faisait très-chaud à cette époque, ce maître avait laissé sa croisée ouverte. Félix s'introduisit dans sa chambre par cette fenêtre; pendant que le maître était absent, et, trouvant le paquet des devoirs sur son bureau, il s'empara de celui de Saint-Brice qu'il alla copier à la hâte. Comme Félix avait livré le sien, il ne pouvait pas s'approprier celui-là. Il se contenta donc d'en tirer une copie, remit l'original dans la liasse, et s'éloigna sans être découvert.

Le jour de la distribution des

prix, il vint à la pension une foule de parens, et entre autres M. et madame Saint-Brice, qui montrèrent à leur fils la montre et la chaîne qu'ils lui destinaient s'il était vainqueur. Le jeune Saint-Brice ne s'en flattait pas, car il joignait la modestie à toutes les qualités du cœur; mais différens mots que lui avait dits M. Dupré lui donnaient quelque espoir.

Il arriva ce que nos lecteurs ont prévu. Saint-Brice eut le premier prix, et Félix, qui était retombé dans son engourdissement, n'eut rien. On crie *fanfare!* Les enfans trépignent de joie! la musique fait entendre les airs de la victoire.

Saint-Brice est embrassé, couronné, et il vole dans les bras de ses père et mère, qui lui font, à haute voix, et en présence de l'assemblée, leur brillant cadeau. Saint-Brice fait voir sa belle montre à tout le monde; il la met dans son gousset; il se quarre.... Mais tout à coup on entend ce cri plaintif: C'est affreux! il y a de l'injustice, oui de l'injustice!

C'est Félix qui jette ce cri, en pleurant, en venant presque menacer M. Dupré; l'accuser de lui faire un passe-droit. Oui, s'écrie le petit méchant, c'est moi qui dois avoir le prix de toutes les manières! Mon thême doit être meilleur puisque je l'ai fait avec réflexion, au lieu que celui que j'ai dicté à Saint-Brice, je l'ai fait vite en me dépêchant.

Le jeune Saint-Brice saute comme un fou sur le petit théâtre, en s'écriant : Toi, tu m'as dicté ma composition ! — Je n'ai pu te la dicter, mais je te l'ai donnée toute faite. — Oh, le mensonge !

Félix se retourne vers le répétiteur, en lui disant : Vous rappelez-vous, Monsieur, quand j'ai ramassé son brouillon, que je vous ai montré ? Eh bien ! par un adroit escamotage, je lui ai substitué ma composition toute faite ; il n'a eu que la peine de la copier et de vous la donner comme de lui.

Les maîtres, les parens, tout le monde restent bien étonnés. Les deux écoliers se disputent; ils commencent à se battre. Le pauvre Saint-Brice surtout est furieux; car il sait bien qu'il a raison.

M. Dupré interpose son autorité, et Félix lui dit: Si on ne veut pas me croire, Monsieur, qu'on aille chercher dans le pupître de Saint-Brice, on y trouvera mon brouillon écrit de ma main; mais qu'on y aille sans Saint-Brice.

M. Dupré va lui-même examiner le pupître du pauvre Saint-Brice, et il en rapporte cette pièce de conviction de la main de Félix, et qu'il lit tout haut.

« Je te fais passer, mon cher Saint-Brice, ainsi que tu m'en as prié hier, ton devoir tout fini; je viens de le faire en même temps que le mien. Tu n'aurais jamais pu en venir à bout; c'est trop difficile pour toi. Copie proprement tout cela pour le donner au maître comme de toi. N'oublie pas de brûler ce soir mon brouillon. »

Suit le devoir, que l'on confronte avec celui remis par Saint-Brice, et qui se trouve être, comme on le sait, tout pareil.

Dès ce moment, on ne permet plus au jeune Saint-Brice de dire un mot; il est traité de lâche, de paresseux, de faussaire; et son père, lui reprenant sa montre et sa chaîne, les donne à Félix, en lui disant: Prenez cela, écolier studieux et vertueux, j'en ai prévenu mon fils; il ne mérite plus ni mes présens, ni mon amitié.

Monsieur, madame Saint-Brice lancent un regard d'indignation à leur fils, et se retirent.

Le bon M. Delaville, qui est aussi là, pleure de joie, embrasse le méchant Félix, remercie tout le monde, et rend grâce au Ciel de lui avoir accordé un si charmant enfant.... Ainsi Félix triomphe; sa victime est accablée de douleur, et l'on continue la distribution des prix, qui se termine par une petite fête.

Le lendemain, pendant que Félix se pavane du succès d'une si mauvaise action, Saint-Brice va trouver M. Dupré. Monsieur, lui dit-il, vous êtes un homme juste, j'embrasse vos genoux : faites-moi rendre justice, je suis innocent; je vous jure devant Dieu que mon thême est bien de moi.—Comment puis-je croire cela, Monsieur, après ce que j'ai vu? — Monsieur, encore une fois, j'ai mérité le prix; je ne sais comment un méchant tel que Félix a pu copier mon thême : il faut qu'il ait regardé par-dessus mon épaule. — Cela n'a pu se faire, Monsieur; je l'ai demandé à votre répétiteur, il m'a dit que vous étiez l'un et l'autre à plus de trois pieds de distance. C'est quand il a feint de vous ramasser un chiffon de papier qu'il vous a glissé celui-là. — Que je meure, Monsieur, que je perde à jamais votre estime, la tendresse de mes parens, si je vous en impose! Il faut que, par un tour que je ne puis comprendre, Félix se soit procuré mon devoir, et qu'il l'ait copié. — Comment voulez-vous que cela soit? tous les devoirs étaient entre les mains de votre maître, aucun n'a quitté sa chambre, son bureau;

et, quand il sortait, il avait grand soin, m'a-t-il dit, de bien fermer sa porte. Il est sûr que personne n'est entré chez lui.

Saint-Brice persiste toujours dans ses lamentations. M. Dupré en a pitié : il aime et estime cet enfant ; il le regarde comme un écolier studieux, et il connaît les nombreux défauts de Félix. Il congédie Saint-Brice, en lui disant qu'il verra à éclaircir cette affaire. M. Delaville entre chez lui. Monsieur, lui dit M. Dupré, il s'élève des doutes sur la véracité de monsieur votre fils. — Cela ne se peut pas, Monsieur ; mon fils est franc, loyal, honnête. — Monsieur ?... il m'est dur de dire la vérité à un père; mais je vous crois capable de l'entendre. — Vous me rendez justice; parlez. — Félix n'est ni franc, ni loyal, ni même honnête. Je l'ai étudié, et je puis vous assurer qu'il est tout le contraire de ce que vous le croyez. Il est faux, méchant, dissimulé, et surtout rongé par la plus basse jalousie. — Oh Ciel! quoi, Félix?... — Félix est bien éloigné de vous ressembler : il est rapporteur et de plus menteur; en un mot, il est détesté de tous ses camarades. Il m'a joué des tours! des tours d'écoliers, direz-vous; mais il y en a un surtout qui m'a été bien sensible. Je l'avais fait corriger pour une faute ; mon petit drôle, pour s'en venger, s'est procuré la clef du cabinet où madame Dupré enferme ses cornichons, son beurre, ses confitures; il s'est emparé de ces objets, et les a jetés dans une fosse voisine. — Félix! Êtes-vous bien sûr que ce soit lui? — Si j'en avais eu la preuve palpable, je vous aurais rendu ce méchant enfant. Vous entendez bien qu'il n'a rien avoué; mais mille indices m'ont prouvé que c'était lui. C'est un tour affreux cela! C'est faire du tort à son maître, sans profit pour qui que ce soit. Aujourd'hui Saint-Brice assure que Félix lui a volé, copié son devoir. Si cela était?... Vous êtes un homme juste, je m'en rapporte à vous.

M. Delaville se recueille, et répond : Il faut le savoir. J'imagine pour cela un moyen : établissons chez vous, dans votre classe, un petit tribunal; vous en serez le juge; messieurs vos répétiteurs seront vos conseillers en la cour, et moi, qui ai souvent été capitaine-rapporteur de conseils de guerre, je remplirai cette fonction. Nous ferons paraître les deux écoliers, nous les interrogerons en présence des autres, et si mon idée réussit... vous verrez.

M. Dupré adopte cette idée. On assemble les élèves, que l'on sépare du parquet des juges. M. Dupré prend une robe noire, un bonnet carré. M. Delaville se met à une table près de lui, et l'on introduit les deux plaideurs ; dont l'un, Félix, pâlit en voyant son père, qu'il ne s'attendait pas à trouver là, ce qui est déjà un mauvais augure pour lui.

On interroge d'abord Saint-Brice, dont la candeur et les larmes annoncent assez qu'il dit la vérité. Félix, bien loin de pleurer, soutient effrontément le plan de défense qu'il s'est tracé. Alors, son père lui dit : Depuis le jour où vous avez composé tous ensemble, avez-vous parlé à Saint-Brice du papier que vous soutenez lui avoir glissé?

— Oh ! mon Dieu non, mon père, répond Félix. — Appelez-moi monsieur; je suis votre juge ici et non votre père ! Pourquoi ne lui en avez-vous pas parlé? — Parce que je regardais comme trop faible pour obtenir le prix, un brouillon que j'avais fait en même temps que mon devoir, et que certainement j'avais moins soigné. Je supposais d'ailleurs que, d'après ma prière, Saint-Brice l'avait brûlé. — Ah ! ah! vous supposiez que Saint-Brice l'avait brûlé? Ceci est contradictoire avec ce que vous avez dit hier : voici vos propres expressions : *Qu'on aille chercher dans le pupitre de Saint-Brice, on y trouvera mon brouillon.* Vous saviez donc bien qu'il y était?

Félix reste interdit, et répond en balbutiant: Oui..... je savais..... qu'il ne l'avait pas jeté au feu, et d'ailleurs... — Vous allez mentir! — Avec quelle rigueur vous me traitez, mon père! — J'ai des raisons pour cela. Au surplus, une dernière épreuve va vous forcer à dévoiler la vérité. Monsieur Dupré possède, avec l'original du devoir de Saint-Brice, la copie, ou le brouillon de votre main, que vous lui avez remis hier; on va vous donner à tous deux ce même devoir à refaire, sans vous communiquer votre premier travail; nous verrons s'ils se ressembleront.

Félix se voit pris ; car, en étourdi qu'il est, il n'a pas pensé à apprendre par cœur ce qu'il n'a fait que copier, et il ne s'en souvient plus d'un mot.

On place nos jeunes gens chacun à une table, avec les livres nécessaires, et il se mettent au travail. Saint-Brice a fini le sien le premier ; il se trouve, à quelques mots près, absolument semblable à sa première composition. Félix, qui est beaucoup plus long-temps parce qu'il cherche en vain à se rappeler l'ouvrage de son camarade, livre timidement ce qu'il vient de faire. On l'examine ; il n'y a pas une seule construction de mots, pas une tournure de phrase qui ressemblent à son brouillon, qu'il prétendait avoir communiqué à Saint-Brice. Monsieur Dupré se lève, proclame que Félix est un insigne menteur, et laisse au juge-rapporteur le soin d'appliquer la peine.

M. Delaville, indigné, se lève à son tour, et, du ton le plus sévère, il dit à son fils : A présent, monsieur, il faut que vous nous disiez quels moyens vous avez pris pour vous procurer et copier l'ouvrage de Saint-Brice. Si vous persistez à nier, à mentir de nouveau, je vous fais embarquer de force comme mousse, et je vous envoie au fond des colonies pour ne vous revoir jamais. Si vous avouez, au contraire, j'adoucirai la juste punition que vous méritez.

Félix, poussé à bout, se jette aux pieds de son père, et lui révèle tout : il ajoute qu'il a glissé lui-même, à l'insu de Saint-Brice, son brouillon dans le pupître de ce dernier; et il termine en rendant à Saint-Brice la chaîne et la montre, qu'il n'a jamais mérité de posséder.

Saint-Brice, au comble de la joie, recouvra ainsi la tendresse de ses parens, et M. Delaville fit mettre le méchant Félix dans les prisons de Saint-Lazare, où il resta trois semaines au pain et à l'eau, recevant, deux fois par jour, vingt coups de nerf de bœuf. Cette correction le changea totalement, et il fit, par la suite, la consolation de son respectable père.

LES VACANCES.

Deux mois au Château.

CHAPITRE X.

LES VACANCES.

*Deux mois au château de**.*

M. Belfort était un homme très-riche, qui avait amassé plus de cent mille livres de rente à faire des approvisionnemens, des fournitures pour le gouvernement. Il était veuf avec deux fils, une fille, et il prenait soin encore de trois neveux, que son frère, presque indigent, ne pouvait élever. Il avait mis ses deux fils et ses trois neveux ensemble au collége de Lisieux, rue Saint-Jean-de-Beauvais, à Paris, et sa fille Henriette, âgée de douze ans, était élevée de son côté dans une très-bonne pension de demoiselles. Adolphe et Victor, ses deux fils, avaient quinze et quatorze ans; leurs cousins Benoît, Joachim, André, comptaient treize, quatorze et quinze ans. On voit que ces cinq jeunes gens étaient à peu près du même âge, et, tous cinq, d'excellens écoliers.

Le lendemain de la distribution des prix de leur collége, M. Belfort leur écrivit qu'il leur envoyait son cocher et sa grande calèche pour les conduire près de lui, passer les vacances au château de**, magnifique propriété qu'il possédait à quatre lieues de Paris. On juge de la joie des cinq écoliers! La calèche est là, le cocher les attend, ils vont jouer deux mois entiers à la campagne! Plus de collége, plus d'études, quel bonheur!

Ils font leurs adieux à leurs camarades, dont plusieurs, qu'ils affectionnent davantage, les entôurent en soupirant, du chagrin de ne pouvoir partager leur félicité. Nous penserons à vous, leur disent les cinq cousins, nous penserons à vous, et ils sautent dans la calèche, qui vole soudain, entraînée par les plus beaux chevaux du monde.

Ils arrivent; ils trouvent au château leur toute jolie sœur et cousine Henriette, que son père a fait venir pour y passer également les vacances. M. Belfort les embrasse, les accueille en tendre père. Monsieur Belfort est un homme rond, loyal, bon, excellent; il leur dit: Ah ça, mes enfans, vous voilà ici pour les mois d'août et de septembre en entier. Je veux que vous vous amusiez bien. Tâchez de varier vos plaisirs. La promenade, la pêche, des courses sur mon canal, le jeu de bague, la balançoire, tout cela est à votre service; donnez-vous-en là comme il faut, et tâchez de ne pas vous blesser, c'est tout ce que je vous recommande:

les plus grands doivent toujours surveiller les petits. Écoutez encore : comme vous avez tous remporté des prix, ce qui prouve que vous avez bien travaillé dans le cours de votre année classique ; je vous permets de disposer à votre gré de ma volaille, de mes fruits. Ma basse-cour, mon potager, mon verger, tout cela est immense ; il y a cent fois plus là-dedans que je ne puis consommer. Ainsi, invitez des amis, donnez des déjeûners, des dîners ; mon cuisinier, mon sommelier seront à vos ordres. Je ne vous demande qu'une chose, c'est de m'admettre toujours dans vos parties fines, soit dans l'intérieur, soit à l'extérieur. Je vous aime, vous m'aimez ; je ne me plais bien qu'avec vous, et ma foi nous nous amuserons.

Le lecteur doit admirer le caractère de cet excellent homme, qui, immensément riche, se moque d'une espèce de dilapidation, d'ailleurs peu ruineuse ; mais il veut être continuellement avec ses enfans, afin de les maintenir toujours dans un état de sobriété nécessaire à leur santé.

Les enfans lui sautent au cou, le remercient, et se promettent bien d'user amplement de la permission qu'il leur donne.

Les premiers jours ils ne pensent qu'à eux, et c'est fort naturel; mais enfin, après s'être bien régalés de toutes choses succulentes, ils pensèrent à la position dans laquelle ils avaient laissé leurs amis de collége. Vincent, dit Adolphe, n'est pas si heureux que nous; il va passer les vacances chez son père, qui est fourbisseur, rue St.-Honoré: il sera là dans une boutique du matin au soir! — C'est comme Deschamps, interrompt Victor; sa mère, qui a obtenu une bourse pour lui au collége, n'est qu'une marchande de couleurs; elle va le tenir continuellement dans un vilain magasin noir, où l'on broie du rouge, du jaune, du vert-de-gris, et où l'on sent une mauvaise odeur, ah!

ANDRÉ.

J'aime mieux le commerce du père de Julien; il est luthier. Julien va voir faire des instrumens; ça doit être bien amusant.

BENOIT.

Pour Dubois, je ne le plains pas; son père est un riche marchand de chevaux; il aura de quoi choisir là pour se livrer au plaisir de l'équitation. Oh, que je voudrais monter à cheval comme lui tous les jours.

ADOLPHE.

Qu'est-ce que tu dis donc? Est-ce qu'il n'y a pas de chevaux ici ?

BENOIT.

Oui ; mais mon oncle ne veut pas qu'on touche à son beau cheval de selle, et les autres sont de gros chevaux de carrosse ou de labour.

JOACHIM.

Je pense à ce pauvre Denis. Son père est opticien, ingénieur, je ne sais quoi, sur le quai des Lunettes, et quand il a son fils en vacances chez lui, il le fait limer, travailler tout le jour, dans sa boutique, comme un simple ouvrier... Clerville est moins esclave, lui; sa mère tient une boutique de linons, de broderies, de tulles, de dentelles, au Palais-Royal. Il pourra se promener dans ce beau jardin.

HENRIETTE.

Oh, une boutique de broderies, c'est ma folie! Je voudrais bien passer quelques jours dans cette boutique-là.

VICTOR.

Oui, mais le jardin du Palais-

Royal n'est pas si beau que le quart du parc de papa; et, en général, nos camarades sont bien malheureux de n'être pas ici avec nous.

TOUS ENSEMBLE, *en soupirant.*

Oh, oui, ils sont bien malheureux!

HENRIETTE.

Si nous demandions à notre bon papa la permission de les faire venir ici ?

JOACHIM.

Il nous l'accorderait bien, lui qui est si bon pour mes frères et pour moi, qui ne sommes que ses neveux; mais il faut savoir si les pères et mères de nos camarades y consentiraient?

VICTOR.

Non; il n'y consentiraient pas; ils se diraient : *Qu'est-ce que c'est que ce monsieur-là, M. Belfort? nous ne le connaissons pas; nous ne voulons pas lui avoir d'obligation.*

BENOIT.

Écoutez, mes amis; puisque nous ne pouvons pas avoir ces chers camarades avec nous, adoucissons leur sort en leur envoyant des cadeaux.

ANDRÉ.

Oui, des oies, des canards, des dindons.

ADOLPHE.

Des anguilles, des brochets, des écrevisses de notre petite rivière.

HENRIETTE.

Des poires, des pommes, des prunes, du chasselas.

ANDRÉ.

Mon oncle l'a permis.

VICTOR.

Tout est ici à notre disposition.

JOACHIM.

Commençons par la basse-cour. Allons vite à la basse-cour. J'ai mon couteau.

TOUS.

J'ai aussi le mien.

ADOLPHE.

Allons à la basse-cour; mais procédons par ordre. Ne prodiguons pas. Il vaut mieux donner peu et souvent; les cadeaux en sont plus honnêtes.

Voilà nos jeunes fous qui vont couper le cou à six dindons, qui les arrangent chacun dans un panier, en forme de bourriche, et qui mettent aussi, sur chaque panier, le nom et l'adresse de l'écolier à qui ils veulent en faire présent. Ils y ajoutent : *C'est de la part de Messieurs* Victor, Adolphe, André, Benoît, Joachim Belfort, *et de Mademoiselle* Henriette, *leur sœur et cousine.*

Par leur ordre, un garçon jardinier charge un âne de ce précieux présent, et va les distribuer dans Paris.

Quelques jours après, nouvel envoi de fruits et de poissons ;

puis ensuite des canards, des oies, puis encore des dindons; puis enfin tour à tour de la volaille, du poisson, du gibier et toujours des fruits.

Bientôt M. Belfort est étourdi des remontrances que cela lui attire. D'abord le jardinier en chef, les gens de la basse-cour se plaignent à lui de ces prodigalités qui vont tout dévaster. Laissez, répond-il, laissez faire mes enfans, cela leur apprend à exercer la bienfaisance.

Et il rit.

Les parens des écoliers auxquels les nôtres envoient tant de bonnes choses, écrivent, de leur côté, à

M. Belfort, et sont persuadés que c'est à son insu qu'on les comble de tant de libéralités. M. Belfort leur répond à tous qu'il les prie de recevoir ce que, de son aveu, ses enfans leur envoient de bien bon cœur.

Nos six jeunes gens sont enchantés de ce que M. Belfort les autorise à faire de pareils cadeaux. Ainsi, se disent-ils, nos camarades profitent de notre séjour ici ; ils jouissent en quelque façon de nos plaisirs, nous leur écrivons, ils nous répondent; ils connaissent nos moindres pensées; ils ne sont plus absens que de notre vue.

Tout à un terme cependant. Les

vacances finirent; il fallut se préparer à retourner au collége. Ces préparatifs se firent sans chagrin ; on avait joui; on sentait qu'il était nécessaire de se remettre au travail, et l'on en prenait très-gaîment le parti.

La surveille du départ de la campagne, les enfans étant tous à jouer encore au jardin, M. Belfort les fit mander chez lui. Ils s'y rendirent, et virent avec plaisir leur camarade Dubois, le fils du marchand de chevaux, qui était en conversation avec M. Belfort.

Dubois, après leur avoir sauté au cou, leur dit: Ah ça, mes amis! j'étais porteur de deux lettres. J'en ai remis, à votre bon père, une que lui adressent nos parens. L'autre, que voici, est pour vous; vous pouvez la lire tout haut.

Adolphe prend la lettre et y lit ce peu de mots :

Nous vous remercions bien, nos chers camarades, de tous vos cadeaux; ils ont agréablement charmé l'ennui de notre solitude. Sous deux jours nous vous réitérerons de vive voix, au collége, ces sincères remercîmens. En attendant, Dubois est chargé, par nous, de vous intimer nos expresses volontés, auxquelles vous êtes sommés de vous soumettre,

Signé, DESCHAMPS, JULIEN, VINCENT, DENIS et CLERVIL.

Comme cela me fait plaisir, poursuit Adolphe, de recevoir une lettre signée de tous nos meilleurs amis ! mais qu'entendent-ils par leurs *expresses volontés*.

Je vais, répond Dubois, vous expliquer cela. Nous nous sommes vus fréquemment tous les six, pendant nos vacances à Paris. Nos parens, ayant reçu de M. Belfort l'invitation d'accepter vos divers cadeaux, ont cru qu'ils devaient reconnaître tant de politesses par une autre. En conséquence, ils m'ont député ici avec des petits présens pour chacun de vous, et qu'ils vous prient à leur tour d'accepter. Monsieur Belfort le permet; ainsi vous n'avez point, pour refuser, de justes motifs à alléguer.

En finissant ces mots, Dubois ouvre la porte d'un cabinet, et va y chercher successivement les différens objets qui vont passer sous nos yeux.

« Voilà, dit Dubois, un joli petit fusil que le père de notre camarade Vincent, qui est, comme vous le savez, armurier, a fait exprès pour toi, mon ami Adolphe. Il sait que tu aimes la chasse; il te sert suivant tes goûts.

» Victor, voilà une boîte pleine de couleurs, d'encre de la Chine, de gomme arabique et de pinceaux, que t'offre la mère de Deschamps.

Tu dessines, tu lèves des plans, tu commences même à peindre en miniature. Tu trouveras là dedans tout ce qu'il te faut pour te livrer à une occupation que tu chéris et dans laquelle tu fais de rapides progrès.

» Voici un assortiment complet de cordes de Naples, un a-mi-la, trois boîtes de colophane pour le violon d'André, qui commence à jouer passablement la sonate, et qui est fou de musique. C'est, mon bon André, le père de Julien qui te l'envoie.

» Comme Joachim a le goût des mathématiques, auxquelles il se livre avec ardeur et succès, le père de Denis le prie de recevoir de sa part un étui d'instrumens à l'usage de cette belle et vaste science. Notre camarade Denis, qui est fort adroit, y a travaillé avec son père : cela doit te rendre le cadeau extrêmement précieux.

» On sait que mademoiselle Henriette a préparé, arrangé de sa belle main, les fruits, les bourriches que nous avons reçus ; c'est Mádame Clervil, la marchande de nouveautés au Palais-Royal, qui s'est chargée de lui en témoigner notre reconnaissance. Voilà ce qu'elle vous offre, Mademoiselle ; c'est cette corbeille daus laquelle vous trouverez des broderies, des tulles, dans le goût le plus nouveau.

» A présent, je vois mon cher camarade Benoît qui, bien qu'il soit désintéressé, examine mes mains, mes poches, et regarde sans doute comme une injustice d'avoir été oublié dans la distribution de nos cadeaux. Il est vrai que je n'ai rien apporté pour lui. Oh! je n'ai rien apporté; c'est à la lettre; mais viens, Benoît, viens regarder-là, par la fenêtre, dans la cour. Vois-tu ce joli petit cheval, sur lequel je suis venu? c'est un de ces petits chevaux corses qui sont de taille pour des enfans de nos âges. Eh bien! il est à toi. C'est mon père qui te prie de l'agréer comme une marque de sa reconnaissance. »

Benoît s'écrie : Quoi ! ce cheval ! c'est à moi ? — Oui, c'est mon présent ; il fallait bien que j'eusse mon tour, et je ne devais me citer que le dernier. — Oh ! le dernier vaut bien les premiers. Que je suis content ! Je vais être sur mon cheval du matin au soir ! Il faut que j'aille l'essayer.

M. Belfort l'arrête, en disant : Un moment, mon ami, nous irons tous l'admirer ; mais, avant, mes enfans, embrassez cet excellent camarade, ce bon Dubois, à qui j'ai permis de vous donner tous ces objets. Aimez-le toujours, ainsi que ceux qui l'envoient ; que ce jour heureux, cet échange de présens, d'attentions, de souvenir, soit toujours présent à votre mémoire! et n'oubliez jamais que l'amitié de collége ou de pension, cette amitié qui naît dans l'épanchement de la bonté, de la franchise, de toutes les vertus que n'ont point encore altérées les passions de la jeunesse et l'égoïsme de l'âge mûr, souvenez-vous bien, vous dis-je, que cette touchante amitié doit faire votre félicité jusqu'à la vieillesse, et qu'il est doux de se voir, à l'heure de son trépas, entouré, consolé, pressé par les amis de son enfance.

CHAPITRE XI.

LES FÊTES DE CAMPAGNE.

Tiens, madame Legrand, il y a, dans les Petites Affiches d'aujourd'hui, un petit pavillon, avec un joli jardin, à louer dans une maison bourgeoise du faubourg Saint-Honoré. Si cela n'était pas cher, ce logement me conviendrait assez : il est à la proximité des Tuileries, des Champs-Élysées, des Boulevards. Eh puis, ma bonne femme, tu sais combien j'aime le jardinage! je m'en occuperais, et peut-être recouvrerais-je mes forces et ma santé. — Je le désire bien, mon ami, répond Madame Legrand ; car, depuis la mort de notre fils !... Tu vas pleurer, n'en parlons plus. Eh bien ! je me sens d'assez bonnes jambes pour aller voir ce pavillon. Nous n'avons pas de temps à perdre ; il faut que nous quittions ce logement-ci dans quinze jours, et nous en avons vus tant qui ne nous conviennent pas ! — Je ne sais, ma chère femme ; mais j'ai un pressentiment que celui-là fera notre affaire. Un *petit* pavillon, au fond d'une cour, ou d'un jardin sans doute ; nous serions seuls, cela serait charmant. — Eh bien ! il n'est que onze heures, partons.

M. et Madame Legrand se mettent en marche, de la rue des Postes où ils demeurent encore, et ils arrivent, tout en allant doucement, jusqu'au numéro de la maison indiquée, rue du faubourg Saint-Honoré, passé l'Élysée-Bourbon.

Ils demandent à voir le pavillon à louer, et le portier leur répond timidement qu'il ne le montre pas à tout le monde, attendu qu'il faut qu'avant tout, les locataires plaisent à son maître. Il ajoute : M. de Lineuil est justement ici, je vais vous lui faire parler. Après cela, s'il juge à propos....

J'ai bien vu, interrompt M. Legrand, dans les affiches, qu'on ne voulait louer ce pavillon qu'à des personnes tranquilles, et surtout bien connues. Cela ne nous a pas intimidés, nous nous ferons connaître.

Le portier les introduit chez M. de Lineuil, qui, occupé à écrire dans son cabinet, se lève et salue d'une manière très-polie, en voyant entrer chez lui des gens d'âge et d'un extérieur respectable.

Monsieur, lui dit M. Legrand, nous venons pour voir le pavillon qui est à louer chez vous; mais, comme je sais que vous voulez d'abord prendre des renseignemens sur les personnes qui se présentent pour cet objet, je vais avoir l'honneur de me faire connaître de vous. Ancien professeur de l'Université, je me suis fait maître de pension, rue des Postes, et...

M. de Lineuil l'interrompt. Quoi, dit-il, j'ai l'honneur de voir Monsieur Legrand, dont la pension est si estimée dans Paris! votre nom m'est bien connu; vous avez fait l'éducation du fils d'un de mes amis, du jeune Gourville. — C'est vrai, Monsieur; joli sujet, qui promettait et qui a bien tourné. — Ce n'est donc pas pour vous que vous venez visiter mon pavillon? — Pardonnez-moi, Monsieur, c'est pour moi et ma femme. J'ai vendu mon pensionnat ; mon successeur y est même déjà installé, et il faut que je lui cède, au 8 juillet prochain, mon logement que j'y habite encore....

Monsieur, j'ai éprouvé des pertes, des malheurs.... un surtout, le plus grand.... Nous venons de perdre un fils unique de vingt-cinq ans ! notre bras droit, qui faisait mes classes, qui me secondait en tout !... Il est mort de la poitrine, et c'est ce qui nous a décidés à quitter un état que nous ne conservions que pour lui, une maison où nous l'aurions sans cesse devant les yeux !...

M. et Madame Legrand versent

quelques larmes. M. de Lineuil, qui les connaît de réputation, s'empresse de les consoler, en leur disant: N'en parlons plus.. oublions un malheur irréparable. Allons voir le pavillon ; s'il vous convient autant que vous me convenez, ce sera une affaire bientôt faite.

On va visiter le pavillon, qui est charmant, ainsi que le jardin. M. Legrand le trouve beaucoup trop beau pour lui. Il demande à M. de Lineuil de quel prix en est la location. M. de Lineuil lui répond : Quinze cents francs. O Monsieur, s'écrie M. Legrand, c'est beaucoup plus que nous ne pouvons y mettre! J'ai eu l'honneur de vous dire que j'ai essuyé des pertes ; tout compris, avec la vente de mon pensionnat, sauf un très-joli mobilier que je garde, il nous reste pour exister, trois mille cinq cents livres de rente. Un homme prudent ne doit donner pour son loyer que le cinquième de son revenu; mais ce serait même encore trop pour nous; car tout est si cher à présent! — Mon cher Monsieur, on a dit cela de tous les temps, et on le dira toujours. Au surplus, je vais vous mettre bien à votre aise; car, sur vos trois mille cinq cents francs, je ne vous demande plus, moi, que cinq cents francs pour votre loyer de ce pavillon.

— Mais, Monsieur, ce n'est pas assez maintenant. — Ce sera peut-être trop quand je vous aurai fait part d'une condition que j'y mets. Pardon, je vous tiens debout; asseyons-nous sur ce banc, et causons.

On s'asseoit, et M. de Lineuil continue en ces termes : Je suis veuf; j'ai un fils et une fille. L'un, âgé de quatorze ans, est au collége; l'autre, qui a treize ans, est dans une pension de demoiselles qui ne me plaît pas sous bien des rapports. Aux vacances prochaines, je retire mon fils, ma fille; je les garde ici, et je vous prie, M. Legrand, de vouloir bien continuer l'éducation du garçon. Vous voyez à présent que si j'ose compter encore sur les soins de Madame Legrand pour ma fille, je devrais vous donner mon pavillon pour rien....

M. Legrand répond : Non, Monsieur, cela ne serait pas juste. Il faut bien qu'un propriétaire tire parti.... — Oh, Monsieur, j'ai de la fortune. J'en avais de mon côté ; ma défunte femme m'en a laissé beaucoup.... Établissons toujours la location à cinq cents francs ; nous verrons après à diminuer.... — C'est trop de bonté, Monsieur. Ma femme, qu'en dis-tu ? — Mon mari, acceptons. — Nous acceptons, Monsieur.

M. de Lineuil se frotte les mains, sourit et dit : Ah ! voilà ce que je désirais depuis long-temps. Mes enfans vont enfin rester près de moi ! j'aurai d'excellens voisins ; nous ferons ensemble la partie de billard, de trictrac ; car j'ai tout cela ici, et ma maison, M. Legrand, sera absolument la vôtre.

M. de Lineuil, ancien militaire, chevalier de Saint-Louis, avait les manières aussi nobles qu'engageantes ; la franchise, la bonté, la droiture brillaient dans tous ses traits. Il enchanta M. et Madame Legrand, et ces derniers ne tardèrent pas à venir habiter son charmant pavillon, qui offrait, avec toutes les commodités de la vie, la vue la plus étendue et la plus variée.

M. de Lineuil leur présenta Maxime et Rose, son fils et sa fille, qu'il fit venir un dimanche chez lui, et ces enfans paraissant fort intéressans à M. et à Madame Legrand, ces derniers se promirent de se livrer avec zèle à leur éducation.

Maxime et sa sœur furent bien contens d'apprendre qu'ils allaient quitter tout-à-fait le collége, la pension; aussi, dès le premier jour des vacances, ils rentrèrent avec la plus grande joie chez leur bon père, qui leur permit de passer ici deux mois sans faire autre chose que jouer et se promener.

Il leur procura lui-même des promenades délicieuses , en les menant aux fêtes des campagnes voisines, avec M. et Madame Legrand, que nos enfans chérissaient déjà autant que l'auteur de leurs jours.

Fête de Vincennes.

Ce fut la première où ils allèrent, le 18 août. Il y avait une file de voitures des plus élégantes. Celle de M. de Lineuil eut de la peine à approcher de la porte du parc, où on la fit stationner. Nos cinq amis entrèrent dans la superbe allée verte qui longe le château à droite, et admirèrent la quantité considérable de marchands forains qui y dessinaient de véritables rues. Les deux enfans étaient ravis. Ils n'avaient pas assez d'yeux pour examiner les boutiques, surtout celles des marchands de friandises. M. de Lineuil leur en acheta, et, le soir, il les mena à un joli bal bourgeois qui avait lieu sous des arbres, à la lueur de plusieurs lustres chargés de verres de couleurs. Maxime et Rose, qui dansaient très-bien, n'osaient prier leur papa de leur permettre cet agrément, lorsqu'un très-jeune homme d'une fort jolie figure vint inviter Rose à danser avec lui. Rose regarde son père, qui lui fait signe qu'il y consent.

Le jeune homme dit à Maxime : Si Monsieur avait la bonté de prier ma sœur que voilà, nous nous mettrions en face.

La sœur était tout aussi jolie que le frère, et Maxime usa amplement de la permission que son père lui accorda aussi bien qu'à sa sœur.

Ces quatre enfans dansèrent ensemble pendant deux heures entières, et leurs pas, leurs grâces attirèrent autour d'eux une foule de curieux qui les combla d'éloges.

On revint à Paris, enchanté de la fête de Vincennes, et l'on remercia bien M. de Lineuil, qui avait eu, pour ses enfans, la complaisance d'y rester jusqu'à neuf heures.

La Montity.

Il y a, à quatre lieues au-dessus de Champigny-sur-Marne, près de Lagny, une vaste pleine couverte d'arbres, au milieu de laquelle se trouve un espace considérable nu, et que l'on cultive seulement en grains. Tous les ans, les deux ou trois septembre, il s'y établit une foire qui est très-curieuse par la quantité des marchands de tout genre qui s'y réunissent. On se demande comment, de temps immémorial, on a pu imaginer de former dans un site agreste, aussi éloigné de toute habitation, une foire, et qui ne dure qu'un seul jour! De sorte que s'il pleut, s'il tombe un orage, il faut y être mouillé, et ne pas espérer d'y retourner le lendemain, puisque la plaine redevient aussi déserte qu'elle l'était la veille de la fête. La seule raison qu'on puisse donner pour motiver le choix de cette localité, c'est que, dans le milieu même, il existe une méchante masure, et surtout un fort beau puits, qui devient très-utile, ce jour là soit pour les bestiaux, soit pour laver divers objets.

On trouve dans cette foire tout ce qu'on peut désirer, des perruquiers sous des tentes, des billards sous des bannes, et jusqu'à des orfévres, joailliers, bijoutiers, etc., avec des boutiques, des montres comme à Paris, ornées de bijoux de toutes les espèces. Sous d'autres vastes tentes, alignées les unes auprès des autres, vous trouvez des cafés, des traiteurs champêtres, et presque toutes ces tentes ont pour enseigne, en l'air, attachés à de longues perches, des animaux vivans, tels que lapins, poules chats, corbeaux, etc. Dans divers coins de cette foire on voit, là, un marché aux chevaux, ici, un autre pour les vaches; puis d'autres encore pour les ânes, les porcs, les chèvres, les instrumens aratoires, et l'on compterait avec peine les nombreux équipages qui font halte tout autour, sous l'ombrage des arbres.

M. de Lineuil, voulant faire voir cette foire à ses deux amis et à ses enfans, fit mettre dans sa calèche du vin, des viandes froides (car le restaurant est ce qu'il y a de moins soigné à la Montity), et l'on se mit en route de bon matin.

Maxime et Rose, après s'être

bien promenés, dînèrent sur l'herbe, de bon appétit, et le soir leur père les fit entrer sous une grande tente, dressée au milieu de la principale rue foraine, où s'établissaient plusieurs bals bourgeois. Ce qui surprit agréablement nos deux enfans, fut d'y rencontrer l'aimable jeune homme et sa jolie sœur, avec lesquels ils avaient dansé à la fête de Vincennes. Les deux inconnus, après avoir salué respectueusement M. de Lineuil, M. et Madame Legrand, prièrent encore Maxime et Rose de danser avec eux, et nos enfans jouirent de ce plaisir jusqu'à la fin du jour, où l'on remonta en voiture pour retourner à Paris.

La Foire des Loges.

Maxime et Rose ne tarissaient point sur l'éloge des aimables jeunes gens qui leur avaient procuré deux fois tant de plaisir. Le lendemain devait leur en amener un nouveau ; c'était le jour de la foire des Loges (tel est le nom d'une fête qui se donne tous les ans, à l'entrée de la forêt de Saint-Germain). On n'était point délassé de la veille, qu'on partit pour se donner de nouvelles fatigues, et de nouvelles jouissances qui en sont toujours le dédommagement.

Ce lieu de réunion était beaucoup moins éloigné que celui de la Montity; aussi, au bout de trois heures, on se trouva au milieu de cette foire, qui attire également la bonne compagnie de Paris et des environs. Celle-ci a lieu dans la forêt même, par conséquent on y est ombragé de tous les côtés, ce qui lui donne de la fraîcheur, et un aspect des plus pittoresques.

Nos enfans furent charmés surtout d'y voir la manière dont les marchands de vins font rôtir leurs gigots ou leurs volailles, en plein air, sans bannes, sans aucune clôture. Une corde, attachée perpendiculairement à une branche d'arbre, suspend, devant un brasier ardent, la pièce qu'on veut rôtir; et en place de tournebroche, on n'a besoin que de donner, de temps en temps, un léger mouvement au rôti, qui, de cette manière, tourne sensiblement sur lui-même. La cuisine est un trou fabriqué dans la terre; et là, on voit quantité de marmites, de casseroles, de grils, tout ce qu'il faut pour faire un très-bon repas.

Cette fois, M. de Lineuil n'avait rien apporté. Il voulut que ses enfans goûtassent de la cuisine de ces traiteurs ambulans, et il fit servir un très-bon dîner.

Le plaisir de la danse avait de grands attraits pour Rose et son frère, mais tous deux désespéraient d'en pouvoir jouir là; car, outre qu'il y avait sous les tentes une foule énorme, il n'était pas présumable qu'ils rencontrassent de nouveau leurs complaisans partners.

Ils s'y trouvèrent cependant, au grand étonnement de nos enfans, et il dansèrent encore tous les quatre, jusqu'à l'heure où il fallut quitter ce lieu de délices. Les deux inconnus remercièrent honnêtement Rose et Maxime, et ces derniers montèrent en voiture avec leur père et ses deux respectables amis.

N'êtes-vous pas étonné, mon

papa, dit Maxime, que nous ayons toujours retrouvé ces charmans jeunes gens, dans trois endroits différens, dans des foules où l'on se rencontrerait avec peine, même en s'y donnant les rendez-vous les mieux désignés ? — Qui peut te surprendre là dedans, mon ami? lui répondit M. de Lineuil; sans vous avoir jamais donné rendez-vous, je suis sûr que vous vous cherchiez tous les quatre; car, je ne sais pas si tu penses comme moi; mais je trouve ces deux enfans là tout-à-fait intéressans. — Oh! mon papa, je vous répète qu'ils sont charmans! La petite fille est jolie comme un bijou; le garçon a des manières, un son de voix; il est absolument comme un petit homme! — Je le crois plus âgé que toi. — Oh! oui, il est presque aussi grand que vous. Lui et sa sœur n'ont que des choses obligeantes à dire. Mais est-ce qu'ils viennent toujours seuls à ces fêtes-là? Je ne leur vois ni papa, ni maman, ni enfin une société au-dessus de leur âge. — C'est ce que j'ignore, mon ami; mais si nous les retrouvons encore quelque part, il faudra le leur demander. — Oh! je n'oserai jamais, mon papa; ce serait une indiscrétion!... Eh bien! je l'oserai, moi. — Vous nous ferez bien plaisir, mon papa;

La fête de Saint-Cloud.

car, ma sœur et moi, nous les aimons déjà, oh!...

On arriva ainsi à Paris, où l'on ne parla plus que des deux inconnus.

La Fête de Saint-Cloud.

A Saint-Cloud? à Saint-Cloud? à Saint-Cloud? Tel est le cri continuel qu'on entend, le jour de la fête de ce village, depuis le pont Royal jusqu'aux Champs-Élysées. Comme il n'y a jamais assez de voitures pour y conduire les curieux, tous les gens qui possèdent des charrettes les amènent là, couvertes de bannes, et chargées de six à huit banquettes sur lesquelles se foulent une vingtaine de personnes. D'un autre côté, si, malgré la poussière et l'ardeur du soleil, la route est couverte de piétons qui se coudoient, la rivière offre un autre coup-d'œil qui n'est pas moins piquant; c'est une quantité considérable de petits batelets, qui fendent l'eau avec une légèreté admirable. Tandis que ces espèces d'esquifs se le disputent de vitesse, vous voyez la lourde et paisible galiote qui, partie dès le matin du pont Royal, met trois heures à faire majestueusement le court trajet, *par mer*, de Paris à Saint-Cloud; son tillac est caché par une foule de voyageurs debout, que les petits batelets couvrent de huées, en passant rapidement, et qui y répondent moitié plaisamment, moitié avec humeur. Heureux quand les habitués de la galiote ne voient pas leur épais bâtiment s'engraver sur les *bancs de sable* du Cours ou de Passy, ce qui arrive fort souvent !

Maxime et Rose ne redoutent ni les accidens sur l'eau, ni les rayons d'un soleil brûlant, ni les cahots des plus lourdes charrettes ; leur père a une bonne berline, dans laquelle il les fait placer près de lui, et qui laisse bien loin derrière elle tous les voyageurs par terre et par eau. Ce jour-là, il n'emmène point M. Legrand, qui est un peu indisposé, ni Madame Legrand, qui reste pour soigner son mari. M. de Lineuil est seul avec ses enfans; c'est toujours pour lui la plus aimable société.

Nous ne décrirons point la fête de Saint-Cloud, que tout le monde connaît; nous dirons seulement que nos enfans y prirent beaucoup de plaisir; qu'ils dînèrent, d'une manière somptueuse, à la grille du parc, chez le fameux Legriel, et que leur père les fit entrer dans tous les petits spectacles de bateleurs qui bordent ordinairement la grande allée.

Sur le soir, Maxime et Rose soupirèrent. Il y avait tant de bals champêtres de tous les côtés, sous les arbres, que, quand même les deux inconnus se seraient rendus à la fête, il serait impossible de les y rencontrer. Nos enfans se communiquaient cette réflexion, lorsque sur une hauteur, au bout et en face de la grande allée où il y avait un bal des plus bourgeois, ils virent accourir vers eux leurs deux amis, qui leur dirent : Oh, nous avons bien cherchés! — Et nous aussi. — Eh bien!. dansons.

Oui, dit M. de Lineuil, oui, mes enfans, dansez, mais deux contredanses seulement, après lesquelles j'aurai quelques mots à dire à ce jeune Monsieur et à cette aimable demoiselle.

Ces contredanses finies, les deux inconnus ramenèrent Maxime et Rose à leur père, qui s'était assis pendant ce temps. M. de Lineuil se leva, les conduisit tous les quatre dans un endroit écarté, et dit au jeune homme: Quel âge avez-vous, mon ami ?

Il répond: Seize ans, Monsieur. — Et votre sœur ? — Quatorze. — Et vous venez tous les deux seuls à ces différentes fêtes, où nous avons eu le plaisir de vous rencontrer ? — Je crois qu'une demoiselle peut aller partout sans crainte avec un homme de seize ans, qui.... — Oh, un homme !.... Où sont donc vos père et mère ? — Nous les avons perdus, Monsieur; nous sommes orphelins. — Ah, grand Dieu! Et vous ont-ils laissé.... — De la fortune ? Non, Monsieur, nous ne possédons rien. Nous devons tout maintenant aux bontés d'un oncle.... — Chez qui vous demeurez? — Il voudrait bien nous avoir chez lui, cet excellent oncle; mais il a deux méchans enfans qui nous détestent, et qui nous battraient s'ils nous voyaient partager le cœur et l'asile de leur père.

Maxime s'écrie : Voilà de bien

mauvaises créatures! Oh, si nous avions un cousin, une cousine, comme vous! ma sœur et moi, nous les chéririons comme des frères.

M. de Lineuil reprend ses questions au jeune homme : Vous vous nommez?.... — Clair. — Et votre sœur? — Clairette. — Vous logez à Paris? — Dans une pension, rue du Faubourg-du-Roule. — C'est heureusement mon quartier. Venez, Clair et Clairette ; je puis vous reconduire ; j'ai justement aujourd'hui de la place dans ma voiture. Nous causerons en route.

Clair et Clairette avaient l'air très-raisonnable. Il donnèrent à nos enfans tous les éclaircissemens qu'ils désirèrent, et M. de Lineuil les fit descendre à la porte de la pension qu'ils avaient désignée.

Ce fut, toute la matinée du lendemain, un grand sujet de conversation pour Maxime et sa sœur. Quels pouvaient être ces deux méchans enfans qui s'opposaient par leurs menaces à ce que leur père prît soin, chez lui, d'un neveu, d'une nièce, aussi intéressans! Clair n'avait nommé aucun de ses parens; si Maxime savait le nom et la demeure de son oncle, il serait capable d'aller chercher dispute à ces mauvais sujets d'enfans!

M. Legrand entre. Eh bien, mon

voisin, lui dit M. de Lineuil, comment vous sentez-vous ce matin? — Bien, oh! mieux, Monsieur, je vous remercie. — J'en suis bien aise; car j'ai une histoire à vous raconter. Elle ne sera pas longue, je vous en préviens. Asseyez-vous là, et écoutez-moi. J'ai mes raisons pour que Maxime et Rose l'entendent aussi.

M. de Lineuil continue en ces termes!

« Je ne vous ai pas encore parlé de ma famille, ni de feu madame de Lineuil, qui, très-estimable d'ailleurs, ne m'a donné qu'un seul chagrin sous un certain rapport. Quand je l'épousai, elle avait perdu sa mère, et son père possédait de grands biens, sur lesquels il donna une dot des plus brillantes à sa fille, fruit unique de son premier mariage. M. Le Simple, c'est ainsi qu'on appelait mon beau-père, s'était remarié par inclination. Il avait épousé une fille du commun, sans fortune, sans éducation, et qui fut pour sa fille une véritable mégère. Elle avait tant fait souffrir ma femme lorsque, demoiselle encore, elle fut quelques années sous son autorité, que Madame de Lineuil, aussitôt mariée avec moi, ne voulut plus ni la voir, ni en entendre parler.

» Cette belle-mère ruina complètement son faibe mari, le fit mourir de chagrin, et je partageai dès-lors l'indignation et la haine que ma femme lui avait vouées pour la vie... Mais qu'arriva-t-il? Cette méchante créature eut, du père de ma femme, deux enfans, fille et garçon, que Madame de Lineuil confondit dans sa haine pour leur mère. Que dis-je? Ce n'était pas de la haine, c'était une sorte d'horreur que ma femme éprouvait pour Madame Le Simple et ses enfans, tant Mme de Lineuil avait eu à souffrir de sa belle-mère!

» Madame de Lineuil imprima tellement cette aversion dans le cœur de ses enfans, que, lorsqu'elle mourut, il y a quatre ans, elle leur fit jurer de ne jamais voir de leur vie ni Madame Le Simple, ni la fille et le garçon qui étaient provenus de son mariage avec M. Le Simple, quoiqu'ils fussent bien certainement, du côté de leur père, la tante et l'oncle de Maxime et de Rose. Cette conduite de ma femme me causait une véritable douleur, et j'eus encore le chagrin d'entendre Mlle Rose et M. Maxime que voilà, me répéter souvent, dans le langage de leur âge, que si les enfans de Madame Le Simple mettaient jamais les pieds chez moi, ils les battraient tous deux d'une si grande force qu'ils les forceraient à quitter la maison. Cette menace m'a encore été répétée il n'y a pas deux mois.

» Cependant, qu'ai-je fait de mon côté ? J'apprends que Madame Le Simple est morte quelque temps après ma femme, et dans la plus grande misère; que son fils et sa fille n'ont ni asile, ni parens qui veuillent leur en donner un; que ces pauvres enfans sont aussi doux, aussi bons que leur mère était méchante. Je vais les voir, je les adopte. Leur sœur m'a laissé beaucoup de bien, et je crois devoir leur en consacrer une faible partie en me chargeant de leur éducation. En conséquence, je les mets en pension; mais pour éviter des querelles dans ma maison, et surtout de me mettre dans la nécessité de punir mes enfans, qui me sont chers, je ne parle point à ces derniers de cet arrangement; je me garde bien de leur montrer des êtres infortunés qu'on leur a ordonné de haïr, et j'obtiens de la douceur de Clair et Clairette (car ce sont eux), qu'ils me seconderont dans mes projets pour leur bonheur.

» En père de famille, je pouvais sans doute ne pas prendre de détours pour introduire chez moi deux orphelins, dont la religion et l'humanité m'ordonnaient de prendre soin ; mais j'ai voulu le faire sans secousse, de manière que cela vînt même de mes enfans. C'est donc exprès que j'ai fait trouver Clair et sa sœur aux quatre fêtes en question ; et si Clair a parlé hier d'un *oncle* aux bienfaits duquel il doit tout, c'est pour ne pas donner tout de suite trop de soupçons à Maxime et à Rose ; il est réellement mon beau-frère, et je veux être, pour lui et sa sœur, un tendre père, comme je le serai toujours de mes chers enfans....... A présent, Rose, Maxime, conservez-vous encore quelque ressentiment contre deux orphelins, que vous détestiez sans les connaître ?»

O mon papa! non... Tel est le cri que jettent ensemble, et avec sentiment, nos deux enfans. Maxime ajoute même : Ils sont trop aimables pour leur en vouloir; et je suis sûr que maman, si elle les avait connus, les aurait aimés comme nous.

« Eh bien, mon fils! dès ce jour, votre oncle et votre tante vont venir demeurer avec nous. — Oh! que nous serons heureux! s'écrie Rose; comme nous jouerons! — Oui, interrompt Maxime; mais je ne veux pas de ces noms sérieux d'oncle et de tante; il faut que nous nous aimions tous les quatre comme frères et sœurs.

» A la bonne heure. Monsieur et Madame Legrand, je vais vous donner deux élèves de plus; mais, en même temps, je vous fais remise de cinq cents francs de votre loyer, et je vous offre en sus ma table à tous deux, mais seulement à dîner. Le soir, vous serez libres chez vous; avec cela, vous aimez à vous coucher de bonne heure... Ah! voilà nos deux nouveaux pensionnaires. »

Clair et sa sœur entrèrent; ils se jetèrent d'abord au cou de M. de Lineuil; puis ils embrassèrent tendrement Maxime et Rose, qui leur rendirent leurs caresses, en leur demandant pardon d'une trop injuste prévention. Cette scène arracha des larmes au bon M. Legrand. Il présagea dès-lors, pour cette vertueuse famille, paix, union, bonheur, et sa prédiction se vérifia.

CHAPITRE XII.

L'OUVERTURE DES CHASSES.

O L'HEUREUX temps que celui où la terre, après s'être laissée dépouiller de ses plus précieuses richesses, permet au lièvre timide, au sauvage garennier, à la confiante perdrix, de sortir des bois, de courir les plaines, et de servir ainsi aux plaisirs du chasseur! Les châteaux, les maisons de campagne se remplissent à cette époque de nombreux amis qui s'arment dès le matin, courent par bandes,

L'OUVERTURE DES CHASSES.

Le jeune Braconnier.

les uns visant, les autres rabattant le gibier, et reviennent à l'heure du dîner la gibecière pleine et l'estomac vide. Cet amusement, que tout le monde connaît, donna lieu un jour à une petite leçon qui fera le sujet de l'anecdote suivante :

Le jeune Braconnier.

Il était difficile de rencontrer un plus grand chasseur que M. de Lubec. Dans la saison des chasses, son château était le point de réunion de tous ses amis ; et tous les deux jours au moins, il prenait avec eux cet utile exercice. M. de Lubec avait des chiens de toutes les tailles; et, comme il possédait des plaines, des bois très-étendus, il lui fallait un excellent garde-chasse. Il en avait eu un très-bon pendant trente ans; mais cet homme étant devenu vieux, infirme, M. de Lubec le mit à la retraite, en lui donnant la conciergerie de son vaste château. Il en prit un autre, jeune, fort, alerte, surveillant, et surtout sévère envers les braconniers. Il n'y avait qu'un mois que ce nouveau garde-chasse était en fonctions, quand M. de Lubec fit venir à sa terre son fils Amalric, à l'époque des vacances, et dans l'intention de lui faire quitter tout-à-fait ses études; car Amalric avait seize ans, et il était doué d'un extérieur des plus agréables : son esprit était même assez cultivé; mais un fonds d'orgueil et de hauteur, que lui donnait l'idée des grands biens de son père, le rendait insupportable à ses inférieurs, surtout aux domestiques, qu'il faisait souffrir continuellement par ses mépris, ses injures et ses menaces.

M. de Lubec gémissait de ce défaut, que rien ne pouvait corriger, et il ne désirait qu'une occasion favorable pour pouvoir humilier son fils aux yeux de ceux qu'il insultait journellement.

Le jeune de Lubec, qui était resté plusieurs années en pension, sans voir son père ailleurs qu'à Paris et les hivers, n'avait jamais tiré un coup de fusil. Dès le premier jour de son arrivée, M. de Lubec, voulant l'admettre à l'avenir à ses parties de chasse, passa deux heures à le faire tirer devant lui, et vit avec plaisir qu'il aurait beaucoup d'adresse pour ce genre d'exercice. En effet, Amalric employa toute la soirée à viser à un but, et il se coucha, persuadé qu'il était devenu tout à coup meilleur tireur que son père, que qui que ce fût. Il se leva de bonne heure, avant que personne fût éveillé au château; et, prenant son fusil, une carnassière, de la poudre, du plomb, il s'en alla chasser dans un bois voisin.

A peine eut-il tiré trois ou quatre coups, qu'il vit paraître devant lui un grand gaillard de six pieds au moins, le chapeau bordé sur la tête, un fusil sur l'épaule, les basques de son habit retroussées, et portant un baudrier. Cet inconnu lui dit d'une voix forte : Donnez-moi votre arme, jeune imprudent, je vous arrête. — Vous!... Pourquoi? — Pourquoi? Vous le savez bien pourquoi. Qu'est-ce que vous faites-là? — Je chasse. — Je le vois ; mais en avez-vous la permission ? — Je n'en ai pas besoin. — Je le crois, tous les braconniers s'en dispensent comme vous ; mais heureusement que je sais faire mon devoir. — Ah ça, que veux dire ce rustaut-là ? — Ah, vous me dites des sottises ! — Je ne t'en dirai jamais autant que tu en mérites. —

Savez-vous que l'on n'insulte pas inpunément celui qui a l'honneur d'être le garde-chasse de M. de Lubec. — Ah, tu es le garde-chasse de M. de Lubec? — Oui, après? — Je m'en soucie bien, moi. — De M. de Lubec? — Je n'ai pas plus peur de lui que de toi. — Voilà qui est un peu fort! Qui êtes-vous donc? — Tu ne le sauras pas. — Il faut pourtant que je le sache. — As-tu le droit de me faire des questions? Adieu, va-t'en, laisse-moi tranquille. — Oh! vous ne vous en irez pas comme cela, mon petit Monsieur! votre fusil, et en prison!

— Moi, en prison? Ah, ah, ah, ah, ah!

Il rit. Le garde est outré de colère: Si vous ne me dites pas votre nom, poursuit-il, je vous fais pourrir pendant un an en prison, et vos parens paieront une très-forte amende. — Mes parens paieront l'amende comme j'irai en prison. — En attendant, je vous arrête.

Le garde veut prendre le bras d'Amalric; Amalric saisit son fusil par le canon, et, de la crosse, il lui en donne des coups violens. Cette fois, le garde perd toute retenue; il arrache l'arme des mains du jeune homme, et, se faisant aider par trois bûcherons que le bruit de la dispute avait attirés en ce lieu, on parvient à mener mon petit énergumène dans la prison du bourg voisin. Là, il trépigne; il écume de colère, il est enragé. On lui demande son nom, il refuse toujours de le dire. Qu'on me donne du papier, dit-il au greffier, je vais écrire à quelqu'un, et faire punir, comme elle le mérite, toute cette vile canaille !

C'est ainsi qu'il traite ceux qui l'approchent.

Cependant, on lui apporte de

quoi écrire. Il termine, plie sa lettre, et la donne au garde-chasse en lui disant : Tiens, drôle, porte cela à ton maître.

Le garde-chasse lit la suscription, et, voyant que la lettre est adressée à M. de Lubec, il répond : Vous connaissez donc mon maître? — Un peu. — Il fallait me le dire et vous faire connaître ; les choses n'en seraient peut-être pas venues à ce point. — Je voudrais qu'elles eussent été plus loin encore, pour avoir le plaisir de te faire pendre!

Le garde va porter la lettre à M. de Lubec, qui s'écrie après l'avoir lue : Eh quoi, c'est mon fils! — Oh! mon Dieu! Monsieur, répond le garde, cela est-il possible? Comment! c'est le fils de mon maître, et d'un si bon maître, que j'ai.... Je ne me le pardonnerai jamais. — Il ne t'a pas dit son nom? — Il n'a voulu le dire à personne; sans cela.... Mais je n'avais pas l'honneur de le connaître. — Je le crois.... Raconte-moi comment cela s'est passé, et n'omets, je te l'ordonne, aucune circonstance.

M. de Lubec écoute attentivement le récit de son garde, et réplique : Si tu m'as dit la vérité, je dois punir comme il faut mon jeune insolent. Il ne connaît pas les lois ; c'est mon fils ; j'ai le droit de l'effrayer, de lui donner une leçon, j'en userai. Retourne à sa prison, et porte-lui ce billet.

M. de Lubec écrit ; donne ses instructions au garde-chasse, qui court remettre ce peu de mots à l'imprudent Amalric.

« Celui qui se dit mon fils est un
» imposteur qui, pour couvrir une
» faute grave, prend son nom et
» imite même assez bien son écri-
» ture. Mon fils, mon cher Amal-

» ric, est incapable d'insulter, de
» battre mes gens. Ainsi, qui que
» vous soyez, subissez la peine que
» vous avez méritée; je ne veux
» ni m'occuper de vous, ni déca-
» cheter vos lettres; dispensez-
» vous de m'en écrire. »

De Lubec.

Qui est sot maintenant? c'est notre jeune homme. Le garde-chasse se moque de lui, lui rit au nez, l'appelle menteur, imposteur, et le quitte, en lui disant que, dans huit jours, il viendra le chercher pour le conduire au tribunal, où la peine qu'il a encourue lui sera prononcée.

Ces huit jours de prison firent une vive impression sur l'esprit d'Amalric. La peur d'une punition dont il ignorait la mesure, la douleur d'être abandonné de son père, à qui il ne pouvait faire parvenir ni lettre, ni note quelconque, tout changea son caractère hautain et violent. Son père vint le voir à la fin, et lui dit : Je ne pouvais concevoir, Monsieur, que mon fils se fût rendu coupable de pareils excès, quand un seul mot sorti de sa bouche pouvait les éviter. J'ai eu la douleur d'être convaincu que c'était bien vous. Il faut, Monsieur, que vous demandiez pardon à mon garde, que vous lui fassiez une réparation éclatante, devant tout le monde, dans la grande cour de mon château, sinon je vous laisse ici encore un mois, deux, trois, jusqu'à ce que vous obéissiez à cet ordre, qui seul peut vous mériter votre liberté.

Amalric tombe aux genoux de son père, en fondant en larmes, et lui promet de faire de bon cœur tout ce qu'il exigera.

Il le fit en effet; cet orgueilleux

fut ainsi justement humilié, et les personnes qui l'ont connu assurent que, depuis, il ne se livra plus à aucun excès ; qu'il se fit aimer de tout le monde, de ses inférieurs comme de ses supérieurs, qualité qui doit être la première d'un enfant.

CHAPITRE XIII.

LA RENTRÉE DES CLASSES.

Après le plaisir, le travail; après le travail, la jouissance; avec la jouissance, le repos.

Telle était la maxime que M. Fulgence avait sans cesse à la bouche. M. Fulgence était maître d'école dans la rue des Noyers, et sa femme tenait de son côté une classe de demoiselles; en sorte qu'ils réunissaient ainsi chez eux les enfans du quartier. Dans le courant de l'année, chaque jour, après les heures de récréation, M. Fulgence allait lui-même dans la cour, et, pour faire rentrer ses écoliers en classe, il répétait toujours sa même phrase : Mes enfans : *Après le plaisir, le travail; après le travail.....* Oui, oui, M. Fulgence, s'écriaient tous les enfans qui ne le laissaient pas finir, tant ils savaient par cœur sa sentence favorite.

Il ne faut pas conclure que M. Fulgence était un pédant. C'était au contraire un homme d'un sens droit, d'un jugement sain, très-zélé pour l'éducation de la jeunesse; mais, comme tous les hommes, il avait des manies, des mots à lui; s'emportait-il par exemple contre un enfant indocile, il s'écriait: *Qui m'a donc bâti un petit drôle comme cela?* Rendait-il compte à des père et mère de la conduite de leur fils, il s'exprimait ainsi, en hochant la tête: *Hon! hon! Il est bien désagréable, tant par son babil que par sa légèreté*, ou *par sa paresse*, ou *par ses distractions*; les mots *tant par son babil que par* faisait toujours le fond de son rapport. Beaucoup de personnes ont connu ce travers à M. Fulgence, et beaucoup de personnes l'ont aimé, chérissent, vénèrent encore sa mémoire, et le regretteront toujours.

Un jour de Saint-Remi, qui tombait un samedi, et se trouvait, par conséquent, l'avant-veille de la rentrée des classes, ses élèves ayant presque tous été épars chez leurs parens, pendant les vacances, se trouvaient rassemblés chez lui. Il les compta d'abord, et, voyant qu'ils étaient au nombre de trente-quatre, il les rangea par ordre, les fit tenir debout dans la

LA RENTRÉE DES CLASSES.

La revue des petits Ecoliers.

classe, et leur tint le petit discours suivant :

La revue des petits Écoliers.

« Mes enfans, vous n'avez pas oublié sans doute qu'après le plaisir, le travail; après le travail, la jouissance, et avec la jouissance le repos? Cela veut dire que les vacances sont finies; que vous vous êtes à coup sûr bien amusés pendant ce temps de loisirs; mais il faut vous remettre à l'étude, bien travailler, attendu que, l'année prochaine, les vacances reviendront, que vous en jouirez, que vous rentrerez encore à l'école, au collége, et qu'à la suite de cette alternative de travail et de plaisir, vous jouirez enfin du repos qui est le prix de l'homme laborieux.

» Les enfans croient qu'on les fatigue quand on les met à l'étude; qu'on les tourmente quand on est forcé de les corriger; ils regardent leur maître comme un homme sévère, dur, inhumain; ils lui obéissent par contrainte; ils le craignent plus qu'ils ne le respectent; ils redoutent sa présence; chérissent son absence, et c'est, de tous les êtres, celui qu'ils aiment le moins. C'est au contraire celui qu'ils devraient aimer le plus, après les auteurs de leurs jours; car il n'y a pas de tâche plus rude que celle d'élever la jeunesse. Les enfans voudraient ne rien faire autre chose que jouer, et toujours jouer. Mais est-ce que vos parens ont continuellement joué? Est-ce qu'ils jouent encore? Ne les voyez-vous pas travailler, tous dans leurs divers états, pour vous élever, pour vous donner ce dont vous avez besoin, et de l'éducation encore ! ce qui est le premier de tous les biens que vous devrez à leur tendresse. De l'éducation, mes amis! c'est la clef de tout dans la société, qui vous attend, qui exigera de vous que vous lui rendiez le tribut de lumières, de connaissances, de talens, dont elle vous fera ressentir les effets.

» Vous ne m'entendez pas ? Vous ne me comprenez pas ? Il m'est revenu même aux oreilles que l'un de vous disait tout-à-l'heure : *Bah, bah ! pourvu que nous sachions lire, écrire et comp-*

ter, qu'avons-nous besoin de toutes ces sciences de latin, de grec, de géographie, de géométrie, que sais-je, moi! C'est Auguste qui vous disait cela, et plusieurs d'entre vous de rire, d'être de son avis, de l'appuyer. Je vais vous faire voir, moi, que toutes ces sciences que vous dédaignez sont utiles à l'homme, et que beaucoup, s'ils les ignoraient, seraient réduits, dans le monde, à la condition la plus abjecte. Approchez d'abord ici, monsieur Auguste.

Auguste s'avance. M. Fulgence lui dit : « Faites-moi le plaisir de m'apprendre ce que fait monsieur votre père ? — Il est architecte, répond l'enfant. — Ah ! Et savez-vous quel état il vous destine ? — Mais, comme il n'a que moi de fils, je crois bien qu'il désirerait que je fusse architecte comme lui. — Fort bien. Ceci me donne furieusement barre sur vous ; car, si monsieur votre père n'avait pas appris la géométrie, l'art de tracer des lignes, de lever les plans, de les laver, l'architecture en un mot, saurait-il faire bâtir nne maison, un château ?.... J'ai connu un architecte comme monsieur votre père, dont le fils ne voulant rien apprendre, persistant à rester dans une profonde ignorance, fut contraint, par son père, à être manœuvre, à servir les maçons, l'*oiseau* sur les épaules (1). Un échafaud, en s'écroulant, écrasa ce mauvais sujet; et ses parens furent bien loin de le regretter, je vous en assure !.... Allez-vous-en à votre place.

» Lucien, viens ici...., bon.

---

(1) On appelle *oiseau*, en terme de maçon, une espèce de demi-brancard que les manœuvres emploient à porter du mortier.

Quel est l'état de ton père ? — Il est notaire, M. Fulgence. Oh ! par exemple si je deviens notaire comme mon papa, je crois que je n'ai pas besoin de savoir le grec, le latin ; on ne met pas de tout cela dans des actes. — On ne met pas de tout cela! Sans doute ; on n'écrit pas en latin, ni en grec, un acte de vente, ou de mariage. Mais ces langues ne sont-elles pas utiles, mon ami, pour dépouiller de vieux titres, pour étudier d'anciennes lois? Les meilleurs codes de l'antiquité sont écrits en latin, et les maximes, les sentences des auteurs grecs ne sont-elles pas dans la bouche de tout le monde? D'ailleurs n'est-il pas bon, quand on s'occupe de jurisprudence, de connaître la jurisprudence de toutes les nations? L'état de notaire, mon cher Lucien, est peut-être celui qui exige le plus d'instruction, d'esprit et de jugement; oui *d'esprit*, je répète ce mot. Le notaire est l'officier public qui tient les anneaux de toutes les chaînes qui lient les hommes en société. Sans le notaire, l'homme ne peut ni naître, ni se marier, ni acquérir, ni même mourir. Quelque lien que l'on contracte, son ministère est indispensable. S'il est instruit, il calcule tous les intérêts, il évite les ambiguités, il prévient les doutes, il assure les fortunes, les rangs, les distinctions. S'il est ignorant, il commet des erreurs; il expose les veuves, les orphelins, les mineurs à des chagrins, à des persécutions sans nombre; et ses actes imprévoyans, mal conçus, mal présentés, sont souvent la source de mille procès..... Lucien, va à ta place.

» Adolphe, viens...... Ton père est?.... — Épicier, vous le savez bien, M. Fulgence, puisque c'est lui qui vous fournit. — Crois-tu aussi que le fils d'un épicier, s'il doit prendre un jour l'état de son père, n'a besoin que de savoir lire, écrire et compter? — Pour cela, M. Fulgence, mon papa est de mon avis là-dessus. Il veut que j'apprenne seulement les quatre règles, et voilà tout. — Ah, voilà tout! J'en suis fâché pour ton père. Cela prouve qu'il n'est pas doué d'une grande ambition, pas même de cette noble ambition qu'ont tous les hommes qui veulent se distinguer dans leur état. Ton père ne voit que dans les quatre règles le *nec plus ultrà* des connaissances d'un épicier! — Mais, M. Fulgence, un marchand, pourvu qu'il sache tenir ses livres, faire des factures, qu'a-t-il besoin ?..—Un marchand, mon ami, épicier, mercier, parfumeur, bijoutier, ce que tu voudras, est un commerçant qui, par son activité, son zèle, sa probité intacte, peut acquérir une fortune plus ou moins grande, une considération plus ou moins importante dans le monde. Il a droit à toutes les charges honorifiques du commerce ou du gouvernement ; il peut devenir échevin, ou maire, suivant les villes où il a ses propriétés; on peut le nommer juge, président du tribunal de Commerce. S'il est juge, Adolphe! sens-tu l'importance de cette fonction? Comment la remplira-t-il, s'il ne sait que lire, écrire et chiffrer? Que deviendront la fortune, la réputation de ses concitoyens, quand on les soumettra à sa judiciaire?.... Tu me répondras qu'un marchand peut n'être rien de tout cela. Si c'est par incapacité, c'est une chose honteuse. Il rentre alors dans la classe des ouvriers, des artisans, et sa fortune, s'il en acquiert une, ne lui sert qu'à se faire moquer de lui, en mettant plus au grand jour sa bêtise et son ignorance. Ce n'est point là le but de l'homme qui pense et qui aime ses enfans, auxquels il ne veut pas laisser uniquement, pour héritage, que des sacs d'argent. »

Un élève, placé dans un coin de la classe, s'écrie en riant : Eh mais, c'est fort bon, M. Fulgence, des sacs d'écus! — Ah! ah! répond le maître, c'est vous, M. de Saint-Vallery, qui faites cette belle réflexion? Approchez-vous donc un peu de moi, que j'aie le plaisir de causer un moment avec vous. Vous voilà, Monsieur l'amateur des sacs d'écus? Vous avez raison. Monsieur votre père est riche, très-riche. Il possède des terres, des châteaux; il vous aime, il vous laissera tout cela, je le sais. Il ne vous a même mis en demi-pension chez moi, que pour ne pas passer un seul jour sans vous voir; son domestique vous amène le matin, vient vous chercher le soir; cela vous donne de l'orgueil, et vous pensez, comme ces petits Messieurs, qu'un homme riche, qui n'a d'autre occupation que celle de manger son bien, n'a pas besoin d'une grande instruction? N'est-ce pas cela que votre exclamation voulait dire? Répondez-moi.

L'enfant, intimidé, rougit et se tait. M. Fulgence continue: «Vous seriez bien étonné, Monsieur, si je vous prouvais que plus un homme est riche, plus il a besoin de s'instruire de tout et sur tout! en effet, un riche propriétaire doit connaître, d'abord l'agriculture; mais à fond, ce qui s'appelle en grand, l'exploitation des bois, la culture des terres, ce qui concerne la ferme, l'étang, la chasse; toutes les lois qui ont rapport à ces diverses connaissances ; celles qui concernent les grandes propriétés, les chemins vicinaux; le droit des gens. On me dira qu'avec de la fortune, on n'a pas besoin de se mêler de tout cela : on a des fermiers, des bûcherons, des intendans ; mais les intendans, les bûcherons, les fermiers, vous volent, les trois quarts du temps, et un homme d'honneur, quelle que soit sa fortune, n'aime pas à être volé ; il éprouve un sentiment de chagrin, de honte, à passer pour dupe, et il craint d'être regardé, avec raison, comme un sot, même par ceux qui le pillent.

» Un riche propriétaire, Monsieur, doit connaître encore la maçonnerie, la charpente, la serrurerie, la menuiserie, la peinture, tous les travaux de bâtimens, pour savoir ordonner aux ouvriers, faire démolir ou reconstruire à sa volonté, régler lui-même ses mémoires, et n'être pas, par ce moyen, trompé par ceux qu'il emploie.

» Voilà bien des talens que j'exige d'un riche propriétaire! Mais que direz-vous, si je veux encore qu'il ait presque toute l'instruction d'un homme de lettres! Sans doute, Monsieur. Qui recevra-t-il dans ses magnifiques châteaux? de qui composera-t-il sa société, s'il ne sait causer sur rien, rien dire et rien apprécier? S'il ignore l'histoire, saura-t-il se procurer de belles statues, une riche collection de tableaux? S'il ne sait ni grec, ni latin, ni d'autres langues, encore moins la sienne, que fera-t-il d'une bibliothèque? sur quoi roulera sa conversation? Jouira-t-il des chefs-d'œuvre de tous les arts, s'il n'en a au moins une teinture?... L'homme opulent qui n'a rien de ce que je viens de lui désirer, est un sot qui me rappelle la courte fable que je vais vous dire :

» Il y a un petit animal qu'on appelle le castor, qui se construit des maisons à plusieurs étages, des rues, des places publiques, (je vous expliquerai cela dans un autre moment) et tout cela avec une propreté et une adresse admirables. Il arriva qu'un jour, à la suite d'un violent orage, le tonnerre tomba sur une de ces petites républiques, en tua tous les habitans, et détruisit enfin toutes leurs habitations, excepté une seule, qui resta debout, intacte et aussi belle qu'auparavant. Quand le danger fut passé, et que les eaux se furent desséchées, une grosse chenille s'introduisit dans cette maisonnette et la trouva si jolie, qu'elle résolut d'y faire sa résidence; mais l'ennui de sa solitude la fit bientôt sortir; elle se mit sur sa porte, et, voyant passer beaucoup d'animaux qu'elle connaissait, elle les invita à venir la voir, en leur disant: Entrez, mes amis, venez visiter ma charmante habitation: c'est une chose curieuse, qui mérite d'être vue, etc., etc., etc.

» Depuis ce jour, sa maison fut constamment pleine de curieux ; mais comme l'hôtesse était aussi bête que laide, on se contentait d'admirer son asile, d'en faire le tour et d'en sortir, sans lui adresser à peine un mot de politesse.

» Telle est, M. de Saint-Valery, l'estime qu'on fait d'un homme riche qui manque d'esprit, d'intelligence et surtout d'instruction.»

M. Fulgence fit, de cette manière, la revue de presque tous ses élèves, pendant que madame

Fulgence débitait, de son côté, la même morale à ces écolières. Quand M. Fulgence eut fini, il ajouta ces mots : Ainsi, mes chers enfans, je vous ai prouvé que, sans l'étude et l'éducation, l'homme n'est sur la terre que l'objet du mépris de ses semblables. Instruisez-vous donc, et commencez votre année scolastique avec le désir d'apprendre, de vous perfectionner, de faire des progrès, d'acquérir des connaissances qui sont utiles à tout individu, quel qu'il soit, et dans toutes les situations de la vie. Demain, ce sera la messe du Saint-Esprit, et après-demain, la rentrée au collége. Pour le reste de cette journée, allez jouer.

CHAPITRE XIV.

LA SAINT-NICOLAS.

C'EST la fète des petits garçons. Malheureusement elle arrive dans une bien mauvaise saison. N'est-ce pás, papa? — Cela est vrai, mon pauvre Amédée. — Dans l'hiver, au commencement de décembre! On ne peut pas se promener. — Qu'est-ce que tu dis donc? il fait un temps superbe. Il ne gèle point encore, il ne pleut point; le ciel est serein, le soleil brille, le pavé est sec. Il est vrai qu'il fait froid, et que la terre est dépouillée de verdure; mais c'est un bon temps, cela. — Quoi, mon papa! demain dimanche, jour de Saint-Nicolas, s'il fait ce temps-là, nous irons promener. — C'est le projet de ta mère et le mien. Toi, tes frères, tes sœurs, nous vous emmenerons tous. — Ah, quel plaisir! Où irons-nous, mon papa? — A la campagne. — A la campagne!

Amédée se met à appeler ses frères et sœurs : Eugène, Adrien, Jules, Aglaé, Rosine, Élisa! Nous irons tous demain à la campagne.

Les enfans, entrant avec leur mère, se précipitent dans les bras de M. de Merval, et lui demandent tous ensemble à quelle campagne il veut bien les mener. Écoutez-moi , répond leur bon père. Vous savez bien ce petit village, à deux pas de la barrière de la Villette, où il y a un si beau château? Nous y avons dîné l'été dernier, chez M. le comte d'Orival, mon ami, et qui vous aime tant? — Ah! oui, papa; c'est où ma sœur Rosine est tombée en jouant, et s'est presque foulé le bras. — Justement. Eh bien, il y a un mois que j'ai acheté ce château-là au Comte; il est à moi, j'y fais même faire des embellissemens dans l'intérieur. Nous irons tous y dîner demain, et j'ose dire que, pour la Saint-Nicolas, je vous y ménage beaucoup de plaisir. — Qu'est-ce que vous nous préparez donc, papa? — Vous le verrez.

En effet, le lendemain matin, M. et madame de Merval se placent dans leur berline avec leurs trois filles, et les quatre petits garçons montent dans le chariot découvert, qui porte en outre deux domestiques avec des provisions pour le dîner.

On arrive, on se réunit. Il fait le beau temps de la veille, et les enfans se promettent d'en jouir pour jouer, courir et bien se promener.

Leurs père et mère les réunissent tous avant de leur permettre de sortir dans le parc, et M. de Merval prend la parole en ces termes : Il n'est que dix heures, mes enfans, et nous n'avons pris tous à Paris qu'un léger à-compte sur le déjeûner. C'est ici qu'il va avoir lieu ; mais vous y déjeûnerez en grande compagnie, je vous l'assure. — Comment, papa, vous avez invité du monde ? — Oh, beaucoup, mon Amédée, et en voici le motif: Aujourd'hui, fète des garçons, il faut que tous les petits garçons du village se ressentent de votre visite, et, si j'ose le dire, de votre prise de possession de ce château. J'ai donc fait demander les garçons et les petites filles, seulement ceux qui sont de votre âge; c'est-à-dire de dix ans et au-dessous. Il se trouve qu'il y en a cinquante, tant de l'un que de l'autre sexe. On va dresser, dans le vestibule que j'ai bien fait chauffer, deux tables, l'une pour les garçons, qui sera présidée par Amédée et ses frères; l'autre table pour les filles, et c'est Élisa, Rosine, Aglaé, qui en feront les honneurs. Mais, avant tout, il faudra procéder à une cérémonie qui peut devenir touchante. Outre le déjeûner et la fête à laquelle ces enfans du village sont invités, vous leur donnerez à chacun une pièce de deux francs; vous couronnerez l'enfant le plus vertueux d'entre ces petits paysans, et vous lui remettrez vingt francs avec ce petit paquet de hardes. Monsieur le curé, qui entre, va vous expliquer le reste.

Les enfans vertueux.

Un vénérable pasteur se présente, et salue M. de Merval, qui lui dit : Monsieur le curé, avez-vous eu la bonté de faire le petit aperçu que je vous ai demandé ? — Le voilà, Monsieur. Je n'y ai mis que quelques noms ; car vous sentez bien que dans cinquante enfans, tous ne sont pas autant recommandables les uns que les autres. Il y en a même de très-mauvais sujets, moins par leur faute que par celle de leurs parens,

LA SAINT NICOLAS.

Alexis.

qui les élèvent mal, et qui.... — Monsieur le curé, je ne veux pas connaître ces méchans enfans-là. Qu'ils viennent comme les autres, qu'ils participent à la fête de Saint-Nicolas, à la bonne heure; mais gardons le silence sur leurs noms. Bref, comptez-vous beaucoup d'enfans vertueux? — Douze en tout, M. de Merval, savoir: sept petites filles et cinq garçons. Partout (j'en demande pardon à Messieurs vos fils), les garçons sont moins sages que les demoiselles. — Ils sont plus volages, plus dissipés. Vous avez leurs noms, à ceux-là? — Oui;

leurs noms, leurs actions, leurs qualités, tout est sur ce papier. — Et ils vont venir? — Ils me suivent, conduits par le maître d'école, oh! un bien digne homme. — On me l'a dit; on m'a fait aussi beaucoup d'éloges de vous, Monsieur le curé, et votre extérieur respectable les justifie en grande partie. — Monsieur, notre religion est humaine, indulgente, et pleine de bonté; soyons humains, indulgens, et bons comme elle: telle a toujours été la règle de ma conduite.... Voilà la petite troupe.

Le maître d'école entre à la tête

des enfans du village, marchant sur deux rangs, à droite les garçons, à gauche les filles. Cette espèce de procession est suivie des pères et mères, qui se foulent autour du vaste vestibule du château, attendant avec impatience le choix que l'on va faire parmi leurs enfans.

Monsieur le curé s'asseoit devant une petite table, sur laquelle il y a une plume et de l'encre. M. et Madame de Merval se placent sur des fauteuils dans le fond. Leurs fils sont debout à côté de M. de Merval, et ses trois demoiselles sont debout aussi, auprès de leur mère.

Monsieur le curé adresse d'abord ce discours à la troupe des petits villageois, qui forment cercle sur le devant : Enfans, c'est aujourd'hui la fête du grand Saint Nicolas, le protecteur particulier des garçons, le père en général de tous les enfans. Il ne faut pas voir, dans cette solennité, seulement une occasion de jouer, de s'amuser, de profiter de la fête que Monsieur et Madame veulent bien vous donner. Cette fête a un autre but ; on y veut récompenser les enfans les plus vertueux, et engager, par l'exemple, par des conseils, ceux qui ne le sont pas, à le devenir. Je suis vieux; il y a cinquante ans que je dessers cette cure; j'ai vu naître une grande partie de vos pères et mères; j'ai vu les plus âgés tout petits; oui, je les ai connus grands comme vous, et leur bon naturel, ainsi que mes pieux avis, en ont fait des hommes raisonnables, tels que je désire que vous soyez un jour. Enfans, vous deviendrez des hommes, et, si vous n'apprenez pas, dans votre âge si tendre, les principes de la morale, de la sagesse, de toutes les vertus que vous devez exercer en grandissant, vous deviendrez l'objet de la haine, ou, au moins, du mépris de vos semblables. C'est l'exemple des parens qui fait les bons enfans ; suivez donc l'exemple que vous donnent les auteurs de vos jours ; écoutez, suivez, pratiquez les leçons qu'ils vous répètent journellement, et que, de l'époque de cette fête, datent pour l'avenir, la docilité, la soumission, le respect que vous devez à vos supérieurs. Me le promettez-vous ?

Tous les enfans répondent ensemble : Oui, Monsieur le curé.

M. de Merval prend la parole : Veuillez, dit-il au pasteur, nous lire les noms de ceux entre lesquels nous aurons à choisir pour le prix.

Monsieur le curé lit : « *Antoine, âgé de dix ans et demi, fils de Martin, cultivateur.* Cet enfant, depuis la mort de sa mère, arrivée il y a un an, la remplace pour les petits soins auprès de son père, qui est infirme. Il lui fait son petit ménage ; il lui apprête sa nourriture, lui tient sa soupe chaude, la lui porte aux champs, lui donne tous les soins qui sont en son pouvoir, et ne le quitte pas d'une minute, pas plus que ne faisait sa défunte mère, qui chérissait tendrement son mari.

» *Claude, âgé de onze ans, petit-fils de la mère Roussel.* Celui-ci a perdu ses père et mère, morts d'une maladie épidémique. Il s'est attaché à son aïeule, vieille femme de quatre-vingts ans, aveugle, sourde, et il lui rend tous les mêmes services dont Antoine comble son père. Oh! cet enfant-là ne sait pas ce que c'est que de jouer; par exemple, il est sans cesse auprès de sa grand'mère, à laquelle il prodigue les plus tendres soins.

» *Blaise, dix ans, fils de Jacques et de Catherine Le Dru.* J'avais pris celui-là en amitié, parce qu'il me paraissait avoir des dispositions à tout. Je lui appris à lire, à écrire, à compter. Il en a si bien profité, qu'aujourd'hui, dans ses momens perdus (car il aide son père et sa mère dans leurs travaux), tous les soirs, par exemple, il tient une petite école, et montre gratuitement tout ce qu'il sait aux enfans des plus indigens de ce village Il m'a même formé deux enfans de chœur qui servent très-bien la grand'messe, et savent chanter au lutrin tout aussi bien que mes meilleurs chantres.

» *Nicolas, neveu de Jacques Masson.* C'est l'enfant le plus laborieux que je connaisse. Orphelin, et adopté par son oncle, il n'y a point de travaux qui l'effraient, et il joint à cela une docilité, une douceur qui le font chérir de tous ceux qui le connaissent.

» *Alexis Le Bon, neuf ans et demi.* L'histoire de ce pauvre enfant est singulière. Il perdit sa mère il y a trois ans. Son père, qui n'était pas un très-bon sujet, se remaria, lui donna une belle-mère aussi méchante que méprisable par ses vices. Le pauvre Alexis, battu journellement par son père et cette mégère, eut la douleur encore de servir, pour ainsi dire, de domestique à une petite fille que sa belle-mère mit au monde dix mois après son mariage. Il fallait qu'il berçât, qu'il portât sa petite sœur, et il était battu six fois plus qu'avant la naissance de cet enfant. Enfin, son père mourut; et, dès-lors, il fut impossible au pauvre Alexis de rester dans la maison. Tout le village s'en mêla, moi le premier ; et nous le retirâmes des mains d'une femme qui l'aurait fait mourir à force de coups. Alexis se mit alors à faire de l'herbe, à garder les vaches, à se rendre utile à tout le monde par mille petites commissions, et il gagna sa vie.

» Il y a trois mois qu'Alexis, qui loge dans une grange où un fermier lui permet de se retirer le soir, fut réveillé au milieu de la nuit par des cris : *Au feu! au feu!* Il se lève, s'habille, apprend que le feu a pris à la masure où réside sa belle-mère, et y vole pour tâcher de la secourir. Il arrive au moment où la chambre de cette femme s'écroule, et il a la douleur de la voir tomber dans un brasier d'où il est impossible de la retirer; mais un pan de mur reste encore intact, et découvre le berceau de la petite fille, prête à devenir, comme sa mère, la proie des flammes. Alexis ne voit point le danger; il s'accroche à des poutres enflammées, parvient jusqu'à l'enfant, la prend dans ses bras, et nous l'apporte. Alexis avait sa chemise, ses cheveux, ses sourcils brûlés; ses mains étaient pleines de cloches, de cicatrices; il ne pense point à tout cela; il s'écrie: *Ma petite sœur! Je t'ai sauvée!* Et il couvre l'enfant de baisers et de larmes. »

A ce récit touchant, Amédée et ses frères s'écrient: C'est lui qui mérite le prix.

» Ajoutez, continue le curé, que, depuis cette époque, c'est lui qui prend soin de cette petite fille; c'est Alexis, qui, sur son faible gain, l'a mise en garde, et paie pour sa nourriture, son entretien, etc. A neuf ans et demi, il est père de famille, et donne tous les jours des regrets au souvenir de sa belle-mère, qu'il a vu périr d'une manière si cruelle. »

C'est lui qui mérite le prix, répètent de nouveau les fils de M. de Merval.

Amédée fait approcher le courageux Alexis, qui joint à tant de vertus une figure enchanteresse. Amédée pose sur sa tête une couronne de bruyère des Alpes, et lui donne vingt francs, accompagnés d'un petit paquet contenant un habillement neuf, complet, propre, mais analogue à sa mise habituelle.

Les petites filles du village furent examinées à leur tour; et le prix fut donné, par Élisa, à Nanette Le Brun, âgée de neuf ans, qui déjà faisait subsister son père, tombé en paralysie, du seul travail de son aiguille. Nanette était la meilleure couturière du village, et chacun lui donnait à faire des casaquins, des déshabillés, pour l'aider dans le but si louable d'un travail qu'elle portait d'ailleurs à la perfection.

Chacun des autres enfans eut sa pièce de quarante sous, déjeûna au château, et la journée se passa en courses, en jeux de toute espèce.

M. de Merval, avant de retourner à Paris, avec sa famille, annonça que tous les ans il ferait de même couronner, par ses enfans, ceux du village qui seraient reconnus pour avoir été les plus vertueux pendant l'année, ajoutant à cette promesse, qu'il ne trouvait pas de meilleure manière de chômer la *Saint-Nicolas*, qu'en encourageant des enfans à devenir des hommes recommandables par les qualités du cœur et de l'esprit.

CHAPITRE XV.

LES PETITS PATÉS DE NOEL.

Nous avons parcouru, depuis le jour de l'an, toutes les fêtes qui sont, ou destinées à l'enfance, ou propres à lui procurer divers amusemens. Nous voilà arrivés à Noël, temps qui ne paraît pas devoir beaucoup la réjouir; car la saison alors est toujours très-rude, et on n'a guère l'habitude de mener les enfans à la messe de minuit; ils l'entendent, comme disent les bonnes gens, *dans la chapelle blanche*, c'est-à-dire dans leur lit. Cependant la veille de Noël peut encore leur procurer un très-grand plaisir, vu leur âge et leur penchant invincible à la gourmandise.

Il existe dans les campagnes, et dans quelques maisons de ville, une coutume : c'est de persuader aux enfans que Noël leur envoie des petits pâtés, qu'on a eu soin, ainsi que les œufs rouges de Pâques, de placer d'avance dans un coin de la cheminée. C'est une surprise qui n'a d'autre but que de persuader aux enfans qu'ils doivent être sages toute l'année, si, à la fin, ils veulent mériter les cadeaux du bon Noël, qu'on personnifie ainsi pour frapper leur imagination. Cette plaisanterie fit naître, un jour, un événement qui pourra intéresser nos jeunes lecteurs.

Perrette et son Fils.

PERRETTE était une pauvre femme qui s'était mariée fort âgée, et qui, devenue veuve à cinquante ans, n'avait avec elle qu'un petit garçon de neuf ans, aussi gentil que rempli d'intelligence. Le mari de Perrette était un pauvre porteur d'eau à bretelles, qui ne lui laissa, en mourant, que juste de quoi acheter une vache, avec laquelle Perrette espéra pourvoir à ses besoins ainsi qu'à ceux de son fils. Mais elle était sans asile.

Une bonne vieille cuisinière, nommée Marie, chez qui le défunt avait porté de l'eau pendant douze ans, dit un jour à son maître : M. Duflos, vous savez que Jacques est mort. — Jacques; qui, Jacques? — Mon porteur d'eau. — Ah, ah!

il avait l'air d'un honnête homme. — Il l'était en effet; c'était bien le plus digne garçon! Il s'était marié il y a dix ans. — Je le sais. J'ai vu même une fois ou deux sa femme et son enfant, auxquels j'ai eu le bonheur de donner quelques secours. — Je le crois, vous êtes si bon. — Et que deviennent ces infortunés? — Monsieur, ils sont sans asile. Le propriétaire de la maison où logeait Perrette l'a chassée, quoiqu'elle lui eût payé son terme. Aujourd'hui, elle a trouvé l'occasion d'acheter une vache à très-bon marché; mais elle ne sait où aller coucher. Si Monsieur le voulait, il y aurait bien de quoi la loger ici. — Où donc, Marie? Ma maison est jolie, commode; mais elle est bien petite, et je n'y veux point de locataire. — Oh, vous ne seriez point embarrassé de celle-là. Vous savez qu'au premier étage, au bout de votre cabinet, il y a une terrasse dallée en pierres. — Allons, Marie va m'apprendre à connaître mon logement. — Ce n'est pas cela, Monsieur; mais, sous cette terrasse, il y a une espèce de boutique qui donne dans la petite rue d'à côté, et que vous tenez fermée, ne voulant pas la louer. Cette boutique n'a qu'une entrée, et par la petite rue. On peut y aller, en sortir sans passer par ici, sans vous importuner en aucune manière. Si Monsieur voulait en donner la jouissance à cette pauvre Perrette et à son fils? Ils feraient, au fond, une séparation pour leur vache, et ils n'auraient pas de loyer à payer.

M. Duflos réfléchit, et répond : A coup sûr, si je leur donne ce trou, je n'en exigerai pas de loyer. Je suis assez riche d'ailleurs, pour me passer d'une pareille bagatelle; mais, c'est que.....—Quoi, Monsieur? vous savez comme moi que ce logement ne communique en aucune manière à votre cour, à votre maison, à votre jardin, puisque, je le répète, sa porte est dans la petite rue. En y plaçant quelqu'un, vous donnez encore plus de sûreté à votre maison, de ce côté-là, qui est fort isolé. Votre terrasse est si basse, qu'on pourrait monter par-dessus le mur; quelqu'un logé en bas en ôterait l'envie. — Oh! je n'ai pas peur. — Non; mais votre caisse est par-là; tout votre argent est dans votre cabinet. — Ce n'est pas, te dis-je, la crainte des voleurs qui me décide. Je ne fais rien, en effet, de cette espèce de boutique, que mon devancier ici louait, je crois, une centaine de francs à un pauvre diable de serrurier. C'était un bruit dès le matin! Et puis sa cheminée, qui donne sur ma terrasse, m'empoisonnait de fumée de charbon de terre. J'ai renvoyé le serrurier; j'ai mieux aimé garder la boutique vide. Aujourd'hui, tu me la demandes pour une pauvre veuve: je veux bien la lui donner. Tu lui diras qu'elle peut venir y coucher dès ce soir. A-t-elle un lit? — Une méchante paillasse, je crois. — Que Saint-Jean monte au garde-meuble; qu'il descende, dans la boutique, un matelas pour Perrette, un petit lit pour son fils, une table, quelques chaises. Ce pauvre Jacques! c'était un honnête homme: j'aurai soin de sa veuve et de son fils.

Tout fut fait ainsi que M. Duflos l'avait ordonné. Perrette vint le remercier; elle s'installa dans la boutique, et, menant tous les jours sa vache dans les champs voisins, elle passa un été assez heureusement pour pouvoir amasser quelques pièces blanches. Mais l'hiver vint, et sa vache lui mangea toutes ses épargnes ; elle fut obligée de se mettre à tricoter pour le monde, et souvent elle travaillait bien avant dans la nuit.

Cette bonne mère, qui chérissait tendrement son petit Jacques, eut l'attention d'acheter, à son insu, deux petits pâtés, pour lui causer une agréable surprise la veille de Noël.

Il avait neigé toute la journée ; mais le soir, le Ciel s'étant éclairci, la lune parut dans son plein ; et

Perrette, pour jouir de sa clarté, n'avait pas mis tous les ais sur le méchant châssis vitré qui la séparait de la rue. Elle était assise près de la cheminée, où brûlait un petit cotteret, et elle tricotait à la pâle lueur d'une lampe. Elle attendait que minuit sonnât pour surprendre son petit Jacques, qui veillait près d'elle, et qu'elle amusait par des petits contes, pour l'empêcher de dormir.

Minuit sonne; toutes les cloches du quartier appellent les fidèles à la messe, Perrette dit à Jacques : N'ai-je pas entendu du bruit dans la rue ? Va donc voir à travers les carreaux.

Pendant que Jacques y va, elle glisse ces deux petits pâtés dans le coin de l'âtre. Son fils revient, en disant qu'il n'a rien vu. A la bonne heure, lui répond sa mère ; mets-toi là, mon petit homme, à ta place. Je me rappelle que j'avais quelque chose à te dire. Tu ne sais pas ce qui arrive, la veille de Noël, aux petits enfans qui ont été bien sages, qui ont bien contenté leurs parens pendant toute l'année ? — Non, maman. — Eh bien ! je vais te l'apprendre : des enfans de ton âge, par exemple, qui sont gentils comme toi, n'ont qu'à crier, trois fois, par la cheminée : *Noël, Noël, envoie-moi des petits pâtés !* tout de suite il en tombe du tuyau de la cheminée. — Sur le feu, maman. — Sur le feu, ou à côté. — Il faut que j'essaie cela.

Voilà Jacques qui crie trois fois : *Noël, Noël,* etc. Perrette fait un léger bruit avec la pelle, et découvre les petits pâtés. L'enfant saute de joie, et dit en les mangeant : Oh maman, qu'ils sont bons ! mais ce n'est que pour moi cela ; tu n'as rien des cadeaux de

Noël ! S'il voulait t'envoyer des louis d'or! — Oui, n'est-ce pas mon petit Jacques ? seulement vingt-cinq louis, pour acheter cette cabane et ce petit champ qui sont à vendre au bout de la rue, et dont on veut justement ce prix-là ! Ça serait beau, n'est-il pas vrai, mon pauvre Jacques? — Oh! oui, maman. Tu y ferais pousser du foin, de la luzerne pour ta vache; y aurait-il de quoi la nourrir toute l'année ? — Non; mais je garderais toujours ce logement que veut bien nous donner M. Duflos, et je louerais la cabane. — A quelqu'un?

— Oui. Va, j'en trouverais bien encore cinquante francs de location. Elle n'est pas si grande que cet endroit-ci; mais il y a un grenier au-dessus, et c'est bien commode. Oh! oui, on serre là-dedans beaucoup de choses. Tu m'as promis que je commencerais, au printemps prochain, à mener ta vache dans les champs, ça serait bien agréable pour moi; je n'aurais pas si loin à aller.

La pauvre Perrette soupire, et fait comprendre à son fils, qu'avec un travail qui suffit à peine pour les faire vivre de pain bis, elle ne peut jamais espérer de pouvoir acheter quelque lot de terre. Jacques cause long-temps sur le projet qu'il a de bien travailler quand il sera grand, afin d'aider alors sa bonne mère, qui a tant de tendresse pour lui. Il fera ceci, il fera cela; oh! il ne restera jamais un moment dans l'inaction. Mais, ajoute-t-il, à présent que j'ai mangé mes petits pâtés, il faut convenir que c'est-là un pauvre présent que Noël fait à ceux qu'il favorise! Encore une fois, s'il envoyait de l'or! J'ai envie de le lui demander. — Folie, mon ami, l'or ne se jette pas comme cela par les cheminées! — Qu'est-ce qu'il en coûte d'essayer? — Essaie si tu veux; mais tu verras, mon garçon, que Noël t'a fait tous les cadeaux qui sont en son pouvoir.

Jacques n'en persiste pas moins dans son projet. Il s'écrie : *Noël, Noël, envoie vingt-cinq louis à ma pauvre mère.*

O surprise! une grosse brioche tombe lourdement, et fait sauter le feu, au point que Jacques en est presque aveuglé. Perrette, effrayée d'abord, se baisse ensuite vers l'âtre, et ramasse cette brioche, qui lui paraît plus lourde que ne l'est ordinairement une pâtisserie de ce genre. Perrette s'écrie : Elle n'est pas naturelle; c'est du carton peint. — Du carton? répond Jacques, on parierait pourtant que c'est une véritable brioche. Tiens, tâte toi-même? Elle s'ouvre en deux. Ciel! que vois-je! quelle quantité de pièces d'or!

Perrette les compte. Il y en a plus de cent. Perrette ne peut en croire ses yeux! Ce sont bien des louis! ils sont tombés par la cheminée! Est-ce un miracle?....... Perrette se perd dans ses réflexions.

Expliquons cet événement.

Le propriétaire de la maison, M. Duflos, homme veuf, avait un fils de six ans, qui était la malice même. Les domestiques de M. Duflos consistaient en un portier, Marie, son ancienne cuisinière, et Saint-Jean, son valet-de-chambre. M. Duflos, qui faisait des affaires de banque, avait toujours chez lui des sommes considérables. Forcé de faire un petit voyage, il était parti, depuis deux jours, avec son domestique, et n'avait laissé, dans l'intérieur de sa maison, que Marie et le petit Duflos. Cet enfant couchait auprès du lit de son père, dans la chambre à coucher, qui n'était séparée du cabinet que par une porte, s'ouvrant avec un bouton. Ce soir-là, Marie, qui avait de la dévotion, était allée à la paroisse, dès onze heures, avec des voisines, ses amies. Marie avait eu la précaution, avant de sortir, de coucher l'enfant, et il ronflait de bon cœur quand elle l'avait quitté; mais le bruit des cloches, qui sonnèrent à minuit, éveilla le petit gaillard.

Il se lève, met ses souliers, entre dans le cabinet de son père, l'examine au clair de la lune, touche à tous les tiroirs du bureau, en ouvre un que M. Duflos a oublié de fermer, et y trouve quantité de pièces d'or. Un léger bruit qu'il entend le détourne de cette occupation. Il ouvre la porte de communication du cabinet à la terrasse, porte qui fermait en dedans avec un verrou et une serrure, à laquelle on laissait toujours la clef; il entre sur la terrasse, entend parler par le tuyau de la cheminée de Perrette; monte sur le mur, et écoute ce qu'on dit. Il entend que Perrette désire vingt-cinq louis; il rentre soudain chez lui, prend une brioche en cartonnage qu'on lui avait donnée pleine de bonbons l'année d'avant. Il la remplit de louis d'or, sans se donner la peine de les compter, la jette par la cheminée, et rentre se coucher, après avoir refermé le tiroir à l'argent, et seulement la porte de la chambre à coucher, ayant fait en vain des efforts pour fermer celle du cabinet de la terrasse. Quelques momens après, Marie rentra, alla droit au lit du petit, qu'elle trouva endormi ; et voyant une porte ouverte, elle s'empressa de la fermer, en s'accusant de négligence, persuadée qu'elle avait eu l'inattention de la laisser ouverte. La neige retombait d'ailleurs à gros flocons, et le vent en avait poussé déjà une grande partie dans le cabinet. Revenons à Perrette.

Pendant qu'elle reste stupéfaite, pétrifiée d'un pareil événement, auquel elle ne comprend rien, petit Jacques s'écrie : Oh, maman ! je suis bien curieux de voir si Noël n'en a pas jeté là-haut, à côté.

Il grimpe soudain dans la cheminée; mais sa mère, le voyant disparaître, lui crie : Veux-tu descendre ? Tu va te brûler, t'emplir de suie.

Jacques redescend, et Perrette, confondue dans ses réflexions, s'imagine à la fin que c'est un don du Ciel, un miracle que le bon Dieu a fait en sa faveur. Elle sait d'ailleurs que M. Duflos est en voyage; que Marie est allée à la messe de minuit ; ses soupçons ne peuvent se tourner de ce côté.

Elle défend bien à son fils de publier cette grâce céleste. On ne nous croirait pas, ajoute-t-elle, et l'on serait assez méchant pour croire que nous avons volé cet or quelque part.

La première chose qu'elle fait, dès le lendemain, c'est d'acheter des habits plus propres à son petit Jacques, qui a tout noirci les siens en montant dans la cheminée.

Cependant M. Duflos revient; mais c'est pour repartir sur-le-champ. Il va confier son fils aux soins de sa propre sœur, qui demeure à Marseille. L'enfant n'a garde de lui dire ce qu'il a fait; car il sent bien, dans son petit jugement, qu'il ne devait pas disposer de l'argent de son père.

M. Duflos dit à Marie: Je me suis rappelé que j'avais oublié de fermer ce tiroir, où j'ai quatre mille francs en or; mais tu étais seule dans la maison, je ne te ferai pas l'injure d'y regarder; je le ferme cette fois.

Et il le referme sans y regarder

en effet, pour ne point faire de peine à Marie , en laquelle il a une juste et pleine confiance. Il part.

Il revient, sans son fils, au bout de trois semaines. Forcé de faire un remboursement, il va pour compter son or. Quelle est sa surprise, sa consternation ! il lui manque cent sept louis! il appelle Marie; il crie; il est au désespoir! Marie de son côté verse des larmes en abondance ? Elle mourra si son maître la soupçonne. M. Duflos ne peut s'y résoudre; mais qui donc est coupable?

Marie se rappelle qn'elle a laissé, la nuit de Noël, la porte de la terrasse ouverte; elle l'avoue à son maître; mais qui encore sera venu par-là ?

Le bruit court que Perrette s'est tout-à-coup enrichie; qu'elle est en marché pour acheter un champ et une maisonnette de deux mille francs. Où a-t-elle eu cette somme? Elle a promis de payer en or. Seule elle est voisine du cabinet de M.

Duflos, auquel on peut arriver de chez elle par la cheminée et la terrasse. M. Duflos rend plainte ; un commissaire vient faire l'ouverture de la porte de Perrette, pendant qu'elle est absente ainsi que son fils. On cherche, on examine.... On trouve enfin les hardes du petit Jacques tout imprégnées de suie, ce qui prouve qu'il est monté par la cheminée, et la somme de cent louis en or, dans un bas de laine caché sous le matelas du lit de Perrette.

Cette veuve infortunée revient

effayée. On l'arrête, on arrête son fils , on les plonge séparément dans un cachot, et l'on instruit leur procès.

Ils vont être condamnés à mort, Perrette, au moins, comme ayant poussé un enfant à un vol. O mon Dieu ! toi qui connais leur innocence , viens donc à leur secours.

La fable de Noël, qui leur a envoyé cet or, paraît avec raison des plus absurdes. Le petit Duflos , qui sait seul la vérité, est à deux cents lieues , et ne la dirait pas , de peur d'être grondé. Qui donc sauvera ces innocens?

La Providence?

Elle toucha un des juges, qui, pénétré du ton de candeur et de vérité avec lequel la pauvre Perrette se défendait, se persuada qu'elle n'était pas coupable ; mais ne pouvant deviner comment cet or était tombé par la cheminée, il en chercha les moyens. M. Duflos convenait bien qu'il n'avait point fermé son tiroir à la clef. On avait reconnu la brioche de carton pour appartenir à son fils. Le voleur, en prenant cet objet près du lit de l'enfant, aurait pu s'emparer d'une montre, d'une bague, d'une aiguière et sa cuvette d'argent, qui étaient en vue dans la chambre à coucher. On n'avait rien pris, rien dérangé, rien déplacé nulle part ! D'un autre côté, le petit Duflos avait-il entendu le vol, ou dormait-il pendant qu'il se commettait ? Dans les deux cas, il se serait plaint le lendemain de ce qu'on lui avait pris son cartonnage, avec lequel il aimait à jouer tous les jours ! Il n'a rien dit ! Et

Perrette, ainsi que Jacques, soutiennent que l'or était dans cette boîte quand on la leur a jetée.

Le bon juge conseilla à monsieur Duflos de faire revenir son fils et de l'interroger. Quoiqu'il n'eût que six ans, cet enfant était espiègle et singulièrement avancé pour son âge. M. Duflos envoya Saint-Jean à Marseille.

Aussitôt qu'il l'eut ramené à Paris, M. Duflos le prit à part, et lui dit, en lui montrant sa boîte de carton : Mon ami, reconnais-tu cela ? — Oh ! oui, papa, c'est ma belle brioche. — Ne te l'a-t-on pas prise une nuit ? — Non, papa. — Comment, non ?— Ne me gronde pas. cher papa, c'est moi qui l'ai donnée. —A qui ? —A Jacques et à sa mère. — Ils sont donc venus ici ? —Oh bien oui! par où ?—Par cette porte qu'on a trouvée ouverte.—Je le crois bien ; je n'ai jamais pu la fermer.—C'est toi qui l'as ouverte. —Il l'a bien fallu pour jeter cette boîte par la cheminée de Perrette. — O mon Dieu ! j'entrevois........ et dis-moi, mon cher petit ami, ces louis n'étaient-ils pas dans la boîte, lorsque....? — On te les a donc rendus, papa? quel bonheur! j'étais bien fâché, va, de les avoir pris dans ton tiroir! J'avais entendu Perrette qui désirait des louis d'or, je me suis avisé d'en mettre plusieurs poignées dans ma brioche, et de la jeter comme cela dans sa cheminée en montant sur le mur. Oh! que j'ai eu peur de toi, après cela, mon papa! car j'ai bien senti depuis que j'avais mal fait. Je ne l'ai dit qu'à ma tante, la veille de mon départ de Marseille. Tu peux lui demander si elle m'a joliment grondé, va. — Grâce au

Ciel, leur innocence est reconnue! courons, mon fils, courons à leur prison, et brisons les fers de ces infortunés.

Le petit Duflos, encouragé par l'indulgence que son père lui témoignait, donna tous les détails qu'on exigea de lui. On rendit la liberté, l'honneur à Perrette, à son fils, et M. Duflos leur acheta, pour six cents francs, la masure, ainsi que le petit champ qui avait été d'abord l'unique but de leurs vœux.

Enfans! cette histoire offre une

nouvelle preuve de ce qu'on vous a déjà répété cent fois, que si Dieu punit toujours le coupable, il n'abandonne jamais l'innocent.

FIN DES FÊTES DES ENFANS.

TABLE

DES CHAPITRES

DU SECOND VOLUME.

FIN DE LA TABLE.

DE L'IMPRIMERIE DE DEMONVILLE.

www.ingramcontent.com/pod-product-compliance
Lightning Source LLC
LaVergne TN
LVHW010554110826
845149LV00003B/657

* 9 7 8 2 0 1 1 8 6 4 5 9 8 *